KB033908

길은 사라지지 않아

길은 사라지지 않아

양학용 지음

별글
읽지 않을 뻔했는 글

'머물러 있는 나'를 떠나기

몇 년 전 인천에서 오래된 지인을 만났었다. 아들이 축구를 그렇게 좋아한다고 했다. 옷도 축구 티셔츠만 산단다. 그런데 부모인 자기가 보기에는 아들의 순발력이나 집중력이 축구 선수로는 아니란다. 그래도 정말 축구가 좋다면 축구부가 있는 학교로 전학을 하자고 하니, 아이는 그것은 또 싫다고 한다면서 아들의 미래에 대해 고민이 많다고 했다. 나는 아이의 생각과 부모의 생각 사이의 간극에 대해 생각했다. 아이는 자신이 좋아하는 것에 대해 이야기하는데, 부모는 아이의 직업에 대해 걱정하는 것이다. 축구가 좋다는 아이에게 부모는 축구 선수로서의 가능성을 따져보고, 축구부가 있는 학교로 전학할 것을 제안한다. 아이가 왜 그렇게 생각하게 되었는지는 모르겠지만, 축구

부에서는 때리고 힘들게 한다고 싫다는 것이다. 좋아하는 것을 맞으면서 하고 싶지 않은 당연한 마음이다. 축구가 좋아서 맘껏 축구를 하고, 그래서 정말 축구가 계속 좋아서 직업이 될 수도 있을 것이다. 하지만 그것이 꼭 축구 선수일 필요는 없지 않을까. 애니메이션 작가가 되어 축구 선수를 주제로 한 작품을 그릴 수도 있고, 축구화 디자이너나 프로 축구 팀 홍보 직원이 될 수도 있을 것이다. 다른 직업을 가진 조기 축구회 회원으로 일상의 스포츠를 즐길 수도 있다. 좋아하는 것이 꼭 가장 잘하는 것이 되어야 할 필요가 있을까. 좋아하는 무언가에 맘껏 몰입해 본 경험은 그 자체로 의미가 있을 것 같다. 좋아하는 것과 잘하는 것을 스스로 알아가는 일은 결코 쉽거나 그 가치가 가볍지 않다. 그것을 직업으로 삼을지는 그다음의 문제다.

'여행학교'라는 이름으로 10여 명의 아이들과 여행을 떠나는 일은 쉽지 않다. 낯설고 험한 곳에서의 안전 문제는 여행학교를 준비하고 떠나고 돌아올 때까지 나를 힘든 긴장의 상태로 몰아간다. 그럼에도 매번 엄두를 못 내다가도 결국 여행학교를 세 번이나 진행한 데는 이유가 있다. 아이들이 좋아하는 것을 맘껏 해볼 수 있는 시간과 기회를 주고 싶다는 마음. 누구나 동의하듯 대한민국의 청소년들은 많은 것을 채우기 위해 바쁘고도 힘겹게 살아간다. 하지만 정작 그렇게 살아가는 이유를 알고서 자신의 길을 가는 아이들은 그리 많지 않은 듯하다. 부모가 좋아하거나 또는 사회가 권하는 것을 자기가 좋아한다고 착각하고 살아갈 때가 많다. 그래서 자신의 적성이나 능력을 알기도 전에 일찌감치 대학수학능력시험을 향한 대장정에 모든 시간과 에너지를 바치는 것이 당연한 일이 되어버렸다. 이러한 청소년들에게 방학 한 달만이라도 잠깐 멈춰 내 자리를 돌아볼 수 있는 시간을 선물해주고 싶었다. 말하자면, 청소년 여행학교를 기획한 이유다.

생각해보면 여행이란 일상의 자리를 벗어나 낯선 곳으로 떠나는 일이다. 곧, '머물러 있는 나'를 떠나는 행위다. 머물러 있던 자리는 친숙하고 편리하지만, 또 가끔은 같은 이유로 우리를 답답하게 한다. 그래서 여행은 불편하지만, 자유롭다. 사실 여행이 소중한 이유는 이 때문일 것 같다. 불편하고 또 자유롭다는 이유로 길에서의 하루는 알차고 압축적이다. 밥을 먹고 카페에 가고 길을 걷고 누군가와 대화를 나누는 그 사소한 일들이 모두 새롭고 의미 있게 다가선다. 여행은 그 기간이 길든 짧든 낯선 장소에서 맞닥뜨리게 되는 새로운 상황을 이해하고 해결하기 위해 끊임없이 무언가를 선택해야 하고, 그 과정에서 설렘과 두려움, 기대와 걱정, 기쁨과 분노 등 우리가 일상의 삶에서 겪게 되는 대부분의 감정을 압축적으로 만나게 된다. 그러다 문득 내가 알지 못했던, 혹은 잊고 살았던 내 안의 나를 만나기도 한다. 그런 의미에서 여행은 낯선 장소에서의 낯설지만은 않은 또 하나의 삶이면서, 동시에 내 안의 나를 찾아가는 학교 밖의 학교이기도 하다.

그래서 여행학교에서의 여행은 아이들의 입장에서 볼 때 어른들로부터 주어지는 프로그램이 아니기를 바랐다. 숙소를 구하고 식당을 찾고 볼거리를 선택하는 모든 것을 아이들의 선택과 수고에 맡겨두었다. 다섯 명 안팎으로 모둠을 지어 하루하루 낯선 도시와 낯선 삶과 마주하면서 아이들 스스로 여행을 조직하고 성찰하기를 바란 것이다. 이를 위해 한 도시에 도착하면 그 도시에 머물 동안의 여행 경비를 모둠별로 나누어줬다. 아이들은 주어진 여행 경비 안에서 어디를 어떻게 가든 어떤 숙소를 선택하든 무엇을 먹든 자유였다. 그 자유로 인해 문득 내가 좋아하는 것들, 혹은 좋아했으나 바쁜 일상 속에서 잊고 지냈던 것들이나 그것들로 인해 행복했던 나를 기억하고 만날 수 있다면 더 바랄 것이 없겠다.

라다크의 하늘은 높고 푸르고 투명했다. 우윳빛 강물을 따라 '오래된 미래'의 마을들이 놓여 있었고, 히말라야는 그 마을들과 그곳에서 하루를 매일같이 단순하고 평화롭게 살아가는 사람들을 품고 있었다. 이 책의 이야기는 청소년 열네 명과 함께 한 달 가까운 시간 동안 히말라야 산자락 라다크의 여러 마을들과 북인도의 몇몇 도시들을 여행하고 성장해나간 이야기다. 라다크의 전통 마을들을 여행하며 느림과 부족함의 가치에 대해 생각하고, 해발 5천 미터를 넘나드는 히말라야 트레킹을 하며 자신의 소중함을 발견하고, 북인도의 오래된 골목길을 걸으며 문화가 가진 다양성의 힘에 대해 배우고 즐긴 시간에 대한 이야기다. 그러니까, '시계추처럼 학교와 학원을 오가던 대한민국의 청소년들이 날것의 세상과 부딪치면서 보고 듣고 느끼고 깨닫는 것'과 '그런 아이들의 반응과 변화를 지켜보며 내가 함께 배운 것'에 대한 이야기인 셈이다. 대한민국에 비하자면 모든 것이 느리고 많은 것이 부족한 그곳에서 오히려 만족감과 해방감을 느끼고, 일상에서 그들을 힘들게 했던 것들로부터 조금씩 자유로워지면서 자기가 정말 하고 싶고 잘할 수 있는 것들에 대해 생각해본 그 아름다운 시간에 대한 보고서라 하겠다.

—

히말라야 설산들의 바다를 건너는 황홀한 항해.

사실 이 이야기들은 꽤 나이가 든 이야기들이다. 대부분의 원고는 오래전에 쓰였고 지면에 연재되기도 했다. 나의 게으름에 내 삶의 굴곡진 시간이 더해져 이렇게 출간이 늦어졌다. 오래 기다렸을, 혹은 잊고 있었을 여행학교 아이들에게 많이 미안하다. 지금은 내 곁에 없는 아내도 좋아해줄 것 같다. 코로나 팬데믹 상황에서 이 글들이 책의 옷을 입을 기회를 주신 별글 출판사의 이삼영 대표님께도 깊은 감사를 드린다.

당연하게 누려왔던 많은 것들 가운데 어느 하나 당연하게 주어진 것이 없었음을 배워가는 날들이다. 비행기 티켓 한 장과 한 줌의 용기 혹은 여유만 있다면 어디로든 떠날 수 있다고 여겨왔는데, 그건 나의 오만이었다. 길을 떠날 수 있는 자유 또한 인간에게 주어진 축복 가운데 하나였던 것이다.

목차

프롤로그
'머물러 있는 나'를 떠나기 — 5

1장 · 라다크의 길 위에 선 아이들

아이들은 혼자일 때 어른이 된다 — 16
심장이 뛰는 건 산소가 희박해서만은 아닐 거야 — 26
행복의 조건은 축구공 하나 — 39
아이들의 쌍칼이 만만치 않게 날카롭다 — 50
여행이란 자유를 대가로 불편함을 감내하는 것 — 55
여행은 만나는 일이 아니라 헤어지는 일 — 73

2장 · 히말라야 트레킹에서 알게 된 것들

내려갈 길을 굳이 올라가는 까닭 — 86
별똥별도 와주지 않는 무심한 밤 — 100
극한의 하루를 살아내는 힘 — 114
여행이란 때론 다시 와야 할 이유를 남기는 것 — 132
일상과의 단절로부터 우리는 — 149
길 위에서 낯선 세계가 익숙해질 때 — 163

3장 • 다시, 세상으로, 집으로

인도는 늘 이런 식이다 ─ 178

히말라야에서 버스를 탄다는 것은 ─ 186

마날리가 천국인 저마다의 이유 ─ 196

날개를 달고 인도라는 세상 속으로 ─ 206

타지마할에서는 혼자가 되고 싶다 ─ 217

여행이 끝나도 끝이 나지 않는 것들 ─ 230

에필로그
오래된 이야기에 대한 이야기 ─ 243

아이들의 에필로그
시간이 흘러 그날의 이야기는 우리에게 ─ 247

1

라다크의 길 위에 선 아이들

아이들은 혼자일 때
어른이 된다

●

"우왕~! 삼촌, 아프리카 같아요!"

"진~짜! 대박! 이런 공항 처음이에요!"

열일곱 살 동갑내기 민아와 다혜의 목소리가 오선지 악보의 '높은 도' 언저리에서 날아다닌다. 그도 그럴 것이 라다크(Ladakh) 수도 레(Leh)는 해발 고도 3,520미터로 세계에서 가장 높은 곳에 위치한 도시 가운데 하나였고, 인도 뉴델리에서 레까지의 그날 비행은 히말라야 바다를 건너는 항해라 해야 할 만큼 장관이었다. 따라서 공항에 착륙했을 때 우리의 설렘은 이미 해발 고도만큼이나 상승해 있었음은 어쩌면 당연했다.

공항은 비행기 한두 대 겨우 이착륙할 것 같은 활주로와 우리나라 읍내의 버스터미널을 연상시키는 낮은 건물 하나가 전

부였다. 사막인 듯 누렇고 건조한 산들이 주위를 둘러싸고 있어 더없이 황량하고 막막했음에도, 공기의 저항을 모두 떨쳐낸 양 파랗고 투명한 바람이 어쩐지 가슴을 들뜨게 했다. 그리고 물기 없이 건조한 하늘 가운데 거짓말처럼 한 쌍의 무지개가 떠 있었다. 이 모든 풍경은, 우리가 훌쩍 시공간을 이동하여 일상과는 전혀 다른 세계로 떠나왔음을 단번에 인식하게끔 했다. 뜬금없이 한 번도 가본 적 없는 아프리카를 아이들이 떠올린 것도 그래서일 것이다. 일상으로부터 가장 낯설고 멀리 있는 세상을 흔히 아프리카라고 생각하니까.

오랫동안 나는, 여행이란 익숙하고 편리한 나의 시공간을 떠나는 것으로부터 시작된다고 생각해왔다. 그리하여 낯선 길을 걷고 낯선 타인과 만나며 낯선 하루하루를 살아가는 사이 간혹 낯설고도 그리운 자신을 만나 낯선 눈물을 흘리기도 하는 일이 여행이라고 여겨왔던 것이다. 가장 낯선 세상에 닿은 아이들은 이날 레 공항에 내리는 그 순간에 여행의 본격적인 국면으로 불쑥 발을 들여놓았으며, 이를 문득 눈치 차린 아이들도 더러 있었으리라.

레 공항에 도착해 만난 화면은 내 생애 절대 잊을 수 없을 것 같다. 정말 아름다웠기 때문에, 그리고 이런 공항이 존재한다고 생각해본 적이 없기 때문이다.

— 진실

(비행기를 타고) 오면서 히말라야산맥을 보았다. 백두산 천지
를 보면 3대가 착한 일을 한 것이라는데, 나는 히말라야를
보았으니 10대가 착한 일을 했나 보다.

— 남수

우리는 뚝뚝* 네 대에 나누어 타고 공항을 빠져나왔다. 아이
들의 목소리가 뚝뚝 엔진 소리를 짱짱하게 건너온다.

"삼촌~! 입술이 타고 숨이 차요!"

"뭐라고?"

"간간이 머리도 아파오고 어지럽다고요!"

"나도 그래~!"

하루아침에 고도를 3,500미터 이상 올려놓았으니 당연한
일이다. 오래된 여행자인 삼촌도 마찬가지라는 것이 아이들에
겐 위로가 되겠지. 뚝뚝이가 길을 내며 달려가자 오래된 라디
오에서는 휘발해버릴 듯 건조한 바람을 타고 인도 음악이 삐져

---

* 오토바이를 개조해 만든 택시.

길은 사라지지 않아

나왔다. 툴툴거리는 음악이 주위의 사막 산과 먼지 날리는 길과 그렇게 잘 어울릴 수가 없다. 다혜는 이번 여행을 위해 새로 산 사진기를 들고 이 모든 풍경을 다 담아내려는 듯 덤벼들었고, 민아와 진실이는 처음 듣는 인도 음악 선율을 잘도 따라 흥얼거렸다. 여행이 빠르게 시작되고 있었고, 우리는 라다크의 회색 도시 속으로 푸르게 스며들고 있었다.

뚝뚝 기사인 돌마는 미로 같은 골목골목을 다람쥐처럼 빠져나가 첫 미션을 시작할 도심의 어느 거리에 열네 명 어린 여행자들을 내려놓았다. 라다크 여행학교의 첫 미션은 숙소 구하기다. 아내와 내가 기획하는 여행학교에서는 특별한 경우를 제외하고는 먼저 숙소를 예약해두지 않는다. 물론 볼거리를 알려주며 안내해주지도 않을뿐더러 맛집을 찾아 데려다주는 일은 더더욱 없다. 그야말로 불친절하기 짝이 없는 학교다. 오히려 아이들이 불편함과 친해지기를 바란다고 해야 더 정확하겠지. 아이들은 다섯 명 정도씩 모둠을 지어 스스로 잠잘 곳과 먹을 것과 볼거리를 다 해결해야 한다. 그것은 그들이 정해진 길을 따라 여행하기를 원치 않아서다. 이미 충분히 학교와 집에서 정해진 규칙과 관행을 따라 걸어온 아이들에게 여행마저도 주어진 프로그램에 참여한 기억으로 남게 되길 바라지 않기 때문이다.

—
오토릭샤에 몸을 싣고 거리를 누비다.

길을 잃거나, 사기를 당해 돈을 잃고 음식을 잘못 먹어 배탈이 나더라도 스스로의 판단에 따라 자신의 욕망에 충실하게 그것이 무엇이었든 맘껏 해보았다는 만족감을 가져보길 원하는 것이다.

여행을 떠나오기 6개월 전. 제주도에서 '여행학교 사전 캠프'라는 이름으로 모였었다. 5월의 제주는 하늘과 땅에 사는 모든 것들이 푸르렀지만, 아이들은 모든 것을 낯설어했다. 처음 만나는 친구들에 대해서도, 낯선 캠프 방식에 대해서도. 우리의 캠프는 캠프라고는 했으나 이렇다 할 프로그램이 없었기 때문이다. 텐트를 치고 나면 하루 한라산을 오르는 것 말고는 2박 3일의 시간이 통째로 그들에게 주어졌다. 뭉텅뭉텅 빈 시간들이 그들에게 날것으로 던져진 셈이다. 하지만 그 낯섦과 어색함의 빈틈들을 메워가는 데에 그리 많은 시간이 필요치 않았다. 아이들의 힘은 신비롭다. 텐트를 치며 옥신각신하는가 싶더니 어느새 쌀을 씻고 채소를 썰며 깔깔거렸고, 방금 만난 친구 손을 잡고 바다 끝자락으로 붉게 떨어지는 태양을 따라 조개를 주우려 다녔다. 모닥불을 피우고 그 불에 고구마를 구워 먹자 했더니 아이들 절반 이상이 나무꾼이 되어 산과 바다를 돌아다녔다. 이튿날에는 한라산 백록담을 오르고 와서 늦은 밤 전등 하나 없이 용천수 노천탕에서 함께 목욕을 했었다. 한라산 시하 암반을 통과해온 그 차가운 얼음물에 맨몸을 담그고도 깔깔거리는 웃음소리가 노천탕의 천장 없는 돌담을 넘어설 때, 우리의 캠프는 어느새 여행이 되어 있었다. 함덕 바다에 두 개의 달이 뜨고, 나는 우리가 함께한 그날의 경험들이 힘든 라다크 여행을 밀고 갈 동력이 될 것임을 예감하고 있었다.

제주도 캠프 후에 몇몇 부모님들이 궁금해했다. 캠프를 어떻게 운영했기에 아이들이 저녁 내내 캠프와 친구 이야기에 몰입하는지, 또 이토록 들뜬 마음으로 여행학교를 기다리는지. 그런데 비결이랄 것은 없다. 다만 아이들끼리 있도록 해주었을 뿐이다. 무엇이든 그들끼리 해결하도록 기다려주는 것이다. 나 역시 어른인지라 더 이상 기다리기 힘들 때는 눈 질끈 감고 비켜주면 그만이다. 그리하여 대책 없이 물을 부어 찌개를 한강으로 만들어도, 텐트를 어설프게 쳐서 태극기도 아닌 것이 밤새 바람에 펄럭거려도, 그것이 목숨에 지장이 없는 한 그들의 여행에 끼어들지 않는 것이다. 그들끼리 놀고, 그들끼리 해결하고, 고생도 그들끼리 하도록 그냥 옆에 있어주면 되는 것이다. 여행에 아이들이 손님이 되는 것이 아니라, 그들 스스로의 여행을 할 수 있도록. 내가 언제 어른이 되었는지 떠올려보면 누구나 알

수 있지만, 우리 대부분이 잊고 살아가는 것이 있다. 아이들은 혼자일 때 어른이 된다는 사실!

　레의 낯선 거리 속으로 아이들은 모둠별로 짝을 지어 사라져갔다. 아마도 처음 와본 도시에서 힘들게 숙소를 찾아다닌 경험이 있는 이라면 알 것 같다. 방향 감각을 찾고 길을 따라 걸으며 여기저기 숙소를 드나드는 사이에 이 도시에 대한 어떤 느낌을 갖게 된다는 것. 인터넷에서 예쁜 사진 몇 장을 보며 카드 결제를 하는 것과는 분명 다르다는 것. 여행자는 붉은 흙길이나 오래된 돌길을 따라 걸으며 바람 따라 흔들리는 먼지와 집집마다 세워진 원색 깃발의 무게를 느끼는 사이에 문득 이 도시를 사랑하는 첫 마음을 가지게 될지도 모르기 때문이다. 물론 뜨거운 태양과 척추뼈 사이를 비집고 흐르는 땀과 길거리를 헤매는 지저분한 개들 때문에 빨리 이 도시를 떠나고 싶다고 느낄 수도 있겠다. 하지만 분명한 것은 이 첫 만남과 첫 느낌이 여행을 마치고 집으로 돌아와 가장 또렷하게 떠올릴 그 도시에 대한 기억이 될 거라는 점이다.
　아이들에게는 낯선 이국의 도시에서 지금부터 만나게 될 수많은 골목과 게스트하우스와 레스토랑과 유적지들 모두가 하나하나의 선택지가 된다. 아이들은 매일 매 순간 스스로의 선택으로 자신의 여행을 채워갈 것이고, 그사이에 우리의 삶도 매 순간을 자신의 의지와 선택으로 채워야 할 여백이며 또 그럴 수 있을 때에 비로소 행복의 가장 기초적인 조건이 마련된다는 것을 배울 것이다.

각자의 길을 나섰던 세 개 모둠의 아이들이 모두 한 게스트하우스에 모인 것은 말 그대로 우연이었다. 하지만 가격이 싸고 전망이 좋았으며 친절한 라다크 할머니께서 운영하시는 곳이었으니, 우연만은 아니었을 것이다. 그리고 또 하나의 이유가 있다면, 아직은 홀로서기의 두려움이 어린 여행자들의 품속에서 떠날 준비가 되지 않았기 때문일지도.

레에는 신호등이나 횡단보도도 없고 도로와 인도가 구분되지 않기 때문에 교통이 매우 혼잡하다. 시차 때문에 시간이 너무 헷갈리고 아무것도 안 했는데 머리가 지끈지끈 아프다. 빨리 적응이 되어 즐겁게 여행하다 갔으면 좋겠다.

— 우현

한시도 눈을 뗄 수 없는 풍경들을 감상하며 숙소를 찾아다녔다. 여기에서 여행이 예상했던 것보다 더 괜찮을 것 같다는 생각이 들었다. "줄레!" 하고 반갑게 인사해주는 인상 좋

은 마을 사람들과 예쁜 풍경이 보이는 집과 불쑥불쑥 튀어
나와 놀라게 하는 야크와 개들. 재밌는 일들이 쏟아질 것만
같다.

― 진실

처음에 레에 도착해서 밖을 보았을 때는 정말 자연스럽게
'와아~' 할 정도로 경치가 너무너무너무 예뻤다. 달력에서
만 볼 수 있을 것 같은 산과 구름, 그리고 우리의 도착을 축
하해주는 것 같았던 두 개의 무지개까지. 한국의 풍경과는
달랐다. 공항의 모습도 정말 달랐다. 시골이라 그런지 공항
건물도 정말 코딱지만 했고 전통적인 인도의 분위기가 흘러
넘쳤다.

― 민아

심장이 뛰는 건
산소가 희박해서만은 아닐 거야

●

아이들이 아프기 시작한 것은 레에 도착한 지 하루가 채 지나지 않아서였다. 그 흔한 산소라는 존재 때문에 이처럼 아플 수 있다는 사실이 아이들을 당혹스럽게 했다.

"아무 짓도 안 했는데 숨쉬기가 힘들어요. 머리가 지끈거리고, 누가 심장을 쥐어짜는 것처럼 아파서 자다가도 벌떡벌떡 일어나요!"

열여덟 살 유진이다. 스무 살 솔지도 마찬가지였다. 체한 것처럼 아프다고 해서 아내가 열 손가락을 다 따주었지만 하루 종일 아무것도 먹질 못했다. 열다섯 살 '해남 촌놈' 남수도, 동갑내기 축구 선수 정민이도, 막내인 열네 살 우현이도 속이 메스껍고 숨이 가쁘다고 고산병 증세를 연이어 호소했다. 사실은 나 역시 심장 박동수가 정상 범위를 벗어나 한껏 속도를 올리던 참이었다. 아프지 않은 사람보다 아픈 이가 더 많아져, 게스트하우스는 여행자 병동이 되어 있었다.

그리하여 하루 동안 활동 금지령을 내렸다. 우리 몸이 산소가 적은 이곳 고산 환경에 적응하는 데 시간이 필요했기 때문이다. 산소 소비량을 최소화하라고 당부했으나, 아이들은 아이들이라 아무것도 하지 않는 시간을 견디기 힘들어했다. 곧 떠나게 될 히말라야 트레킹을 위해 등산화, 선글라스, 장갑 등을 산다는 핑계로 낯선 도시의 골목골목을 야금야금 탐험하고 다녔다. 그러다 헤나 염색약을 사 와서 숙소에서 직접 염색하기도 하고, 길을 잃고 헤매다 만나게 된 라다크 친구를 자랑하기도 했다. 그처럼 고산병을 등에 지고도 아이들은 새로운 세계에 한 발씩 다가서고 있던 셈이다.

심장이 진짜 무지하게 아프다. 막 쿵쿵쿵거리고 조금만 걸어도 심장이 찢어질 것 같고. 심장이 아프니까 뒷목도 땅기고 머리가 깨질 듯이 아프다. 삼촌이 맥박을 짚고 가셨는데 106이란다. 뭐 1분인가 그 기준일 텐데, 내가 애들 중에 최고랬다.

— 유진

—
하늘 가까운 세상, 라다크의 수도 레.

레라는 곳에 왔는데 재미있는 곳 같다. 신기해서 이곳저곳 돌아다니다가 몸살이 났다. 고산 지대여서 산소가 부족해서인 것 같다. 쉬어야겠다.

— 정민

아침, 점심, 저녁 모두 모둠원들끼리 협의해서 먹고 싶은 음식을 먹었다. 학교에서처럼 주는 대로 먹는 것이 아니어서 좋다. 다혜와 구석진 노점상이 있는 골목을 다녔나. 다혜는 100루피짜리 장갑 하나를 샀고, 나는 150루피 버선을 130루피에 깎아서 샀다. 다혜는 또 티셔츠를 230루피에서 200루피로 깎았다. 풋, 우리는 깎기 신이닷!! 아, 맞다! 헤나 염색약도 샀다. 붉은빛 갈색을 사서 숙소에서 다혜랑 생~쇼를 하며 염색했다.

— 민아

길을 찾는 일이 생각보다 재밌었다. 한 번도 가보지 않았던 길을 거닐었다. 한국에서 난 길치지만 이상하게 마음이 편했다. 오히려 한국에서는 무언가 두려워 새로운 길로 가지 않는다. 그러다 액세서리를 파는 노점상을 만났다. 팔찌에 관심을 가지자 자루에서 팔찌를 몽땅 꺼내 보여주려고 했다. 미안한 마음에 말렸는데 괜찮단다. 주인은 "Slowly, slowly. That's OK"라고 말했다. 내가 조급해하고 있었구나, 그때 알았다. 그 말에 갑자기 마음이 편안해지며 그냥 땅바닥에 앉아버렸다. 주인이 괜찮으냐고 물었고, 난 지금 이렇게 앉아 있는 내 모습이 좋았다. 팔찌를 사고 나서, 이번에는 라다크 할머니와 두 손자를 만났다. 셋 모두 영어를 하지 못했다. 그래서 난 한국어로, 그들은 라다크어로 대화를 했다. 이름을 물어보았지만 대답 대신 자신의 과자를 건넸다. 자신의 과자를 건네던 여섯 살 남자아이. 그 과자와 그 아이의 손을 잊지 못할 것 같다.

— 아라

이튿날 아침. 하루를 꼬박 쉰 후 초등학교를 방문했다. 게스트하우스 주인아주머니께서 교사로 계신 곳이다. 결론부터 말하자면 하루 사이에 아이들이 기운을 차리고 있다고 판단한 것이 실수였다. 괜찮던 아이들까지 아프기 시작한 것이다. 아마고산을 여행해본 이라면 알 것 같다. 고산병에는 고통보다 더힘들고 무서운 것이 있다. 고통에 앞서 달려오는 두려움이다. 모든 고통이 호흡과 관계되기 때문이다. 호흡이 거칠어지고, 호흡할 때마다 심장이 찌릿찌릿 아파오고, 불규칙한 호흡 끝에 내

몸이 땅바닥으로 흘러내리는 것 같은 느낌이 들 때면, 이러다 혹시 내 몸이… 내 심장이… 영원히 숨 쉬지 않을 수도… 있겠다 는 생각을 문득, 하게 된다. 그럴 때 아이들의 입 밖으로 다음과 같은 말들이 흘러나온다.

"걷는 것조차 이렇게 숨이 가쁜데, 히말라야 트레킹을 한다 는 게 말이나 될까요?"

그리고 보다 더 근본적인 질문 앞에 서는 아이들도 있다.

"나는 왜 이 힘든 여행에 따라나선 걸까요?"

머리는 띵하고 몸에서 열이 나는데 춥고… 제일 힘든 건 두 통. 걷는 게 힘들어 모둠 아이들에게 자꾸 쉬어가자고 했다. 그럼에도 다시 걷기 시작하면 두통은 곧장 나를 따라와 힘 들게 했다. 이번 여행… 이 고산증을 참아낼 수 있을까…?

— 진실

레에 온 지 어느덧 3일째. 그런데 아직도 일어나면 머리가 아프다. 그리고 조금씩 숨이 차다. 이러다 트레킹이 힘들까 봐 너무 걱정된다. 라다크까지 왔는데 트레킹을 못 하면 너 무 아쉬울 것 같다.

— 솔지

길은 사라지지 않아

아이들처럼 내 안에도 두려움이 있었다. 돌아보면 참으로 출발이 어려운 여행이었다. 6개월 전에 예약해둔 항공권을 여행 한 달 전에 취소해야 했다. 에어인디아 항공사 노조 파업이 장기화되면서 '델리-레' 국내선 노선이 무기한 운항 정지된 것이다. 괜찮을 거야. 아직 시간 여유가 있으니까. 곧 타결 소식이 들려오겠지. 일주일이 가고, 보름이 지나고, 다시 한 달이 흘렀을 즈음, 결단을 내려야 했다. 여행 루트를 항공편 가능 상황에 맞추어 처음 계획과는 역방향인 레에서부터 시작하는 것으로 수정해야 했다. 문제는 끝나지 않았다. 여행 2주 전쯤이었던 것으로 기억한다. 아라가 다급하게 전화를 걸어왔다. 자신의 여권 만료 기간이 6개월이 남지 않았다는 사실을 지금에야 발견했다는 것이다. 그리하여 부랴부랴 여권은 다시 신청했으나, 비자를 새로 받을 시간이 없다고 했다. 방법은 하나뿐이었다. 여권 두 개를 다 가져가는 것이다. 유효 기간이 미달이지만 비자는 붙어 있는 여권과 유효 기간은 문제없으나 비자가 없는 여권. 말하자면, 불완전한 두 개의 여권은 반드시 함께 있어야 존재 가치를 발휘하는 상황이었다. 만약 출입국 사무소 직원 한 명이 문제 삼아 입국을 불허한다 해도 전혀 이상할 것이 없는 나라가 인도였다. 그리고 떠나는 날 아침, 마당에 눈이 가득했다. 제주로 이사 온 이후로 그만큼의 눈은 처음이었다. 전국적인 폭설이었다. 택시를 어렵게 잡아타고 제주공항에 도착했을 때는 활주로 여기저기 눈이 쌓여 있었다. 아이들이 제시간 안에 해남에서 대전에서 울산에서 인천국제공항에 닿을 수 있을지, 인도행 항공기는 무사히 이륙해줄지 도저히 가늠할 수 없었다.

출발이 어려운 여행이라 생각했었는데, 우리 앞에 또 다른 질량의 어려움이 막아선 느낌이었다. 인도 라다크는 히말라야 품속에 자리한다. 그 말은 대부분 지역이 해발 4천 미터를 오르내리는 고산 지역이라는 뜻이다. 즉 아이나 어른 할 것 없이 고산병에 노출되는 곳이다. 만약 한 명이라도 고산병으로 위급한 상황이 벌어진다면, 아내와 나 둘 중에 하나는 그 아이를 데리고 다시 델리로 돌아가야 했다. 그다음 우리의 여행은 결말을 가늠할 수 없는 상황으로 치달을 것이 분명했다. 청소년 열네 명을 데리고 이런 험한 여행을 계획한 것 자체가 욕심이었던가. 사실 내 안의 두려움은 그것이었다.

결국 그날 오후, 우리는 도시 외곽에 있는 SNM 병원을 방문했다. 레에서 제일 큰 병원이라고 했지만 건물은 낡고 의료기기는 열악해 보였다. 하지만 병원은 진료비를 받지 않았다. 오래된 미래의 도시답게 방문자들의 자발적인 기부로 운영된다고 했다. 의사는 아이들을 한 명 한 명 정성껏 진단해주었다. 그러고는 "외국인이라면 모두가 겪는 과정이니까, 다 괜찮아질 거예요"라고 말해주었다. 모두가 겪는 과정이라고. 괜찮아질 거라고. 모두 다. 그 몇 마디의 말들이 그 어떤 치료보다도 고마웠다. 밝아지는 아이들 얼굴을 보며 의사의 그 부드러운 언어의 힘만이 그들을 낫게 할 거라는 생각마저 들었다. 길 위에 선 여행자에겐 따뜻한 말 한두 마디가 그처럼 소중한 법이다. 유진과 진실 두 녀석에게만 '산소 마시기 30분' 처방이 내려졌다. 아이들은 낡은 침대 몇 개가 놓인 치료실에서 다 함께 기다렸다. 잠시 후 간호사가 대형 포탄처럼 생긴 산소통을 끌고 들어왔을 때, 나도 아이들도 그만 웃음을 터트리고 말았다. 국립 병원 전문의가 내린 처방이 산소 마시기라는 것부터가 예능 같았던 날에, 마셔야 할 산소통이 너무 크고 투박했던 탓이다.

"누나~!! 산소 맛있어?"

정호랑 우현은 산소 호흡기를 물고 조금 우스운 꼴이 된 유진이랑 진실이를 놀려먹느라 재미있어 죽을 지경이다. 언제 고산병 증세로 아팠는지, 또 언제 히말라야 트레킹을 할 수 있을까 걱정했는지도 까맣게 잊은 얼굴들이다. 산소 호흡기를 물고 장난치느라 최종 흡입량이 모자랐던 유진은 나의 눈총을 받으며 30분을 더 마셔야 했다. 아이들이란 고산병이든 산소 마시기 치료든 뭐든 다 놀이로 만들어낸다. 애태우는 입장에서는 야

속하고 밉다가도, 그 대책 없는 낙관성이 부러워지는 것은 또 어쩔 수 없다. 학교에서 아이들과 함께 생활할 때도 마찬가지다. 초등교사인 내가 너무 꼼꼼하게 준비하기보다 아이들을 믿고 내맡겨보면 일인 듯 놀이인 듯 어찌어찌 진행되다 내가 생각지도 못한 발랄함으로 나름의 꼴을 형성해간다. 미리 계산하거나 걱정하지 않고, 지나간 일을 머리에 담아 후회하지도 않고, 그냥 현재 그 자체를 즐기는 그들만의 본능! 사실은 내가 길 위에서 여행자가 되어 배우고 싶고 배우고자 애쓰지만 잘 체득되지 않는 그 무엇이다.

병원 놀이를 끝내고 레 시내로 돌아온 우리는 곧장 짝퉁 한국 식당 아미고*로 향했다. 이른바 두 번째 치료 처방인 셈이다. 당연히 아이들은 라면과 된장찌개 혹은 김치찌개 심지어 공깃밥 한 그릇에도 열광한다. 정말이지, 먼 여행길에서 한국 음식은 그냥 음식이 아닐 때가 많다. 특히 몸이 아플 때에는 김치와 된장 냄새만으로도 약이 된다. 고향에서 건너온 만병통치약 덕분인지, 의사 선생님의 고마운 화술 때문인지, 한 시간 동안 마신 산소의 효과인지 그날 밤 아이들은 레 하늘 아래에서 웃고 있었다. 그러니까 레에서 우리의 심장이 뛰는 것은 산소가 희박

---

* Amigo. 스페인어로 친구.

길은 사라지지 않아

해서만은 아닐 거다. 여행의 서막 같은 거다. 오늘의 이야기는.

살다 살다 산소를 튜브로 먹어봤다. 내 맥박이 떨어질 기미
를 보이지 않자 삼촌이 결국 아픈 우리를 이끌고 레에서 가
장 좋은 병원에 갔다. 솔직히 엄청 작고 무지 지저분했다.
그곳에 계신 분들께는 죄송하지만.

— 유진

유진이는 원래 체력이 약한 데 산소까지 부족해서 레에 도
착한 3일 내내 고생을 좀 했다. 결국 유진이, 진실이를 비롯
한 아팠던 애들이 오후에 병원에 가고 나아진 모습으로 보
게 되어서 걱정했던 것들이 많이 사라졌다. 병원에 간 다른
친구들이 시간이 늦었는데도 오지 않아서 좀 걱정이 되기
도 하고, 무섭기도 했기 때문이다.

— 수경

주문했던 음식이 나오자마자 우리는 흥분을 감추지 못한
채 약속이라도 한 듯 모두 일어서서 숟가락 젓가락을 양손
에 들고 달려들었다. 레에 와서 한 끼도 먹지 못한 아이들
처럼 쉬지 않고 입속에 음식을 채워 넣었다. 라면이 나왔을

때는 '아!' 감탄 소리 외엔 아무 말도 하지 않은 채 먹기만
했다. 한국에 있는 식당이었으면 맛없다고 했을 텐데, 레에
있기 때문에 우리에게 특별한 식당이 되었다.

— 진실

행복의 조건은 축구공 하나

●

잠이 안 와 책을 보는데 할머니가 오셨다. I like her!! 할머니는 인상이 참 좋으시다. 왜 자지 않느냐며 책과 나에 대해 물어보셨다. 도란도란… 그 느낌이 참 좋다. 갑자기 전깃불이 꺼져 할머니께서 방문 앞까지 데려다주셨다. 내일은 할머니가 일하시는 학교에 간다. 라다크어를 배울 수 있지 않을까 생각해본다. 기대된다.

— 아라

레에서의 3일째 아침. 앞서 말한 것처럼 우리는 시내의 한 공립 학교를 방문할 기회를 얻었다. 아이들은 게스트하우스 주인아주머니인 왕모의 가정집과 부엌을 제집처럼 드나들었는데, 그 덕분이었다. 왕모가 자신이 교사로 있는 학교에 방문해 보겠느냐고 제안해준 것이다. 도보로 20분 거리라면 결코 먼 길이 아니지만, 고산 세계로 날아온 이방인들은 느릿느릿 발을 옮기면서도 숨이 찼다. 그래서였겠지. 골목길이 느릿느릿 이어 지다 넉넉하게 꺾어지곤 했는데 바람도 느릿느릿 길가에 앉은 사람들도 느릿느릿 차를 마시며 그림처럼 소박한 미소를 느릿 느릿 나그네에게 보내주는 것 같았다.

도심에 위치한 학교는 작고 예뻤다. 초·중·고등학교가 같이 자리한 학교다. 교문도 담도 없는 학교로 들어섰을 때 제일 먼 저 우리를 맞이한 것은 펌프질해서 물을 긷는 우물이었다. 그동 안 힘쓸 일이 없어 심심했던 차에 '피 끓는 고딩' 정호와 문중과 철민이가 학교 여선생님을 위해 신나게 물을 길어 올리는 동 안, 나의 시선은 작은 운동장을 가로지른다. 키 작은 교실 건물 이 'ㄱ'자로 서 있고 그 뒤로 새파란 라다크 하늘이 떠 있다. 그 높고 투명한 라다크의 하늘 품에 학교가 폭 안겨 있는 듯했다. 마침 그 풍경을 배경 삼아 초등학생 저학년들이 교사 꽁무니를 따라 종종거리며 걷고 있다. 언젠가 네팔의 초등학교를 다룬 다 큐멘터리에서 보았던 '천상(天上)의 학교' 풍경이 저러했던 것 같다. 아이들은 도시락 가방을 둘러매고 막 소풍을 떠나는 길이다. 도시락에는 무엇이 들었을까. 김밥은 아니겠고, 혹 삶은 달걀 하나쯤은 들었을지도.

"삼촌, 저것 봐요! 태양계예요~!"

아이들의 외침 덕분에 덩달아 소풍을 따라나서려던 내 영혼이 회귀한다. 교실 외벽에는 태양계 행성들이 차례대로 그려져 있다. 한국의 학교 과학실에서 흔히 만날 수 있는 그림. 태양계 행성들을 이 높은 곳에서 만난다는 것이 뜻밖이었을까. 아이들은 그 흔한 벽화에도 신기해했다. 그럴 수도 있겠다. 예상치 못한 곳에서 만나는 익숙한 장면들이 때로는 낯설게 다가서기도 하니까. 우리는 태양계 행성들을 지나 작고 어두운 교실로 들어갔다. 무슨 사연인지 소풍을 가지 못하고 남은 라다크 아이들이 올망졸망 앉아 있다. 어떤 수업을 하고 있었을까. 선생님은 이 방인들을 소개시켜주신다. 작고 까만 아이들은 부끄러워 눈도 맞추지 못하고 자꾸만 가랑이 사이로 고개를 파묻는다. 우리 아이들이 먼저 다가간다.

"내 이름은 민아, 넌 이름이 뭐야?"

"…"

"언닌 한국에서 왔어~! 반가워~!"

"히히…"

라다크 아이들이 가랑이 사이에서 하나둘 고개를 빼 든다.

—
쫑쫑쫑 오늘은 소풍 가는 날, 저 가방 안에 무엇이 들었을까?

—
천상의 학교에서 만나는 라다크 아이들과 선생님.

살짝살짝 미소를 짓는가 싶더니 선생님의 독려로 마침내 용기를 내어 동요를 부른다. 우리 아이들도 한국 동요로 답가를 부른다. 그러다 서로 이름을 물어보고 배시시 웃다가 어느새 서로 머리를 땋아준다. 이제 아이들은 여기저기로 교실을 옮겨 다니며 논다. 발음이 신기해서일까. 서로의 이름을 부르는 것만으로도 재밌는지 중학생 또래까지 합세하여 사진 찍고 이름 부르고 사진 찍고 웃고, 다시 사진 찍고 웃고 이름 부르다, 또 사진 찍다 손을 잡고 깔깔거린다. 지켜보는 나로서는 그들의 '사진 찍고 이름 부르기' 놀이가 언제까지나 끝날 것 같지 않아 부럽기까지 하다. 처음에는 우리나라에 비하자니 형편없이 낡고 어설픈 학교 시설에 놀라고, 꾀죄죄한 아이들의 행색에도 어색해했던 여행학교 아이들이 어느새 웃는 얼굴로 발갛게 상기되었다. 남자아이들은 정민이가 가져온 새 축구공에 바람을 넣고 운동장을 가로지르며 공을 차고 있다. 궁금하다. 오늘의 이 추억. 이 국땅에서의 이 시간이 아이들에게는 어떤 기억으로 남게 될까.

고등학교 1학년 때였다. 그러니까 나의 '첫 여행'에 대한 이야기다. 친구와 함께 어느 날 문득 시외버스터미널에 갔었다. 대합실 벽에 그려진 지도를 보며 어디로 갈까, 둘이서 어디로 갈 수 있을까, 그렇게 눈으로 짚어보았을 거다. 청학동. 어디선가 들어본 이름이었다. 서당에서 머리를 길게 땋은 도령들이 훈장님 앞에 무릎 꿇고 공부하고, 삼베 저고리 입은 아낙들이 개울가에서 빨래하며 현대 문명을 등지고 살아간다는 지리산 자락의 마을.

"하동! 학생 둘이요~."

친구는 내가 주머니 안의 돈을 헤아려보기도 전에 먼저 그렇게 말했었다. 오늘 안에 돌아올 수 있는 길인지도 미처 따져보기 전에. 그러곤 울산에서 하동까지, 다시 청학동까지 버스를 타고 달렸었다. 그 길이 내가 기억하는 나의 첫 여행이다. 떠났다는 느낌. 17년 동안 살아왔던 나의 영역 밖으로 나섰다는 느낌. 생각해보면 부모님을 따라 부산 외갓집을 오가던 길과는 분명 달랐었다. 그날 난 내 삶을 둥그렇게 경계 짓던 투명한 막을 들추어 '세상 밖의 세상'을 처음 만났던 것 같다. 사실 반나절이 넘게 걸려 도착한 청학동에서 내가 처음 보았던 것은 서당에 달린 현대식 벽시계였고, 그것이 단절의 공간에서 만난 단절되지 않은 현대 문명의 상징으로 다가왔지만, 나의 첫 여행은 조금도 훼손되지 않았다. 왜냐하면 나는 떠났으니까. 익숙하던 하나의 세계를 떠나 또 다른 세계를 만나고 있었으므로.

돌아오는 길에 하동 길바닥에 앉아 우린 더 이상 차비가 없었지만, 그래서 더 즐거웠다. '울산시'라고 적힌 크고 하얀 번호판을 단 자동차를 보고 무작정 태워줄 수 있냐고 물어보았다. 생애 처음 시도해본 히치하이킹이었던 셈이다. 그날 크고 하얀 번호판은 임시 번호판이라는 사실과 그곳에 '울산시'라고 적혔다 해서 꼭 울산 소재의 자동차가 아니라는 사실을 알게 되었다. 하지만 우린 실망하지 않았다. 그것마저 또 다른 세계에서 통용되는 어떤 암호 같았다.

아마 그때부터였을 거다. 세상에는 두 개의 세계가 존재한다는 것을 알게 된 것은. 내게 모든 것이 익숙한 세계와 모든 것이 처음인 세계. 세상 안의 세계와 세상 밖의 세계. 그리고 두 세계를 연결하는 오래된 비밀의 문이 여행이라는 사실도. 그러니까, 난 지금 궁금한 거다. 이번 여행이 여행학교 아이들에게 어떤 얼굴의 첫 여행으로 기억될까, 하는.

"삼촌, 아기들이 너~무 귀여워요!"
"행복해 보여요!"
라다크 아이들과의 짧은 만남이 끝났다. 아이들에게도 아이들은 귀여운 모양이다. 그들 눈에도 이곳 아이들이 순박해 보이나 보다. 무엇이든 부족해만 보이는 이곳 아이들이 그들 마음에도 행복하게 비춰지나 보다.

여행을 하다 보면 행복의 조건이란 것이 그리 크거나 복잡하지 않다는 것을 느낄 때가 있다. 내가 어떤 능력이 없더라도, 어떤 사람이 되어 있지 않더라도 충분히 행복할 수 있다는 그 당연한 사실을 매번 처음인 것처럼 깨우치곤 한다. 훗날 여행학교 아이들도 일상이 힘겹다고 느낄 때마다 라다크의 어느 학교에서 파랗고 투명한 하늘을 배경으로 만났던 어린 친구들을 떠올릴 수 있기를. 그리하여 행복의 조건에 대해 다시 헤아려볼 수 있기를.

우리는 각자 한국에서 작은 선물을 다섯 개씩 준비해왔다. 여행길에서 만나는 친구와 헤어질 때 마음을 표현하기 위함이다. 정민이는 축구공 다섯 개를 가져왔는데 그중 하나에 우리의 이름을 모두 적어 우정의 선물로 남겨두기로 했다. 축구 지도자가 꿈인 정민에게는 축구공을 나누어주는 것이 꿈을 나누는 것과 같은 일인지도 모르겠다. 이제 막 여행자의 길로 들어선 여행학교 아이들은 구경꾼이 아니라 친구로 다가서는 법을 그렇게 배우고 있었다.

여섯 살, 일곱 살 아이들 반에 갔다. 처음에는 우리를 신기해하고 피했는데 나중에는 노래도 불러주고 율동도 했다. 아이들은 전 세계 어디를 가나 다 귀여운 것 같다. 그리고 열한 살 반에 가서 같이 사진도 찍고 놀았다. 내 이름이 쉬워서 아이들이 내 이름을 계속 불러줬다. 한 아이가 "Mina~ Beautiful!!" 했는데 표정 관리가 안 됐다. ㅋㅋㅋ

— 민아

내가 생각했던 것보다 학생들도 많았고 예쁜 학교였다. 아이들과 함께 공을 차고 우리의 이름이 써 있는 축구공을 선물했다. 아이들이 좋아했으면 좋겠다.

— 정호

아이들 눈이 진짜 예뻤다. 이 아이들은 우리를 어떤 생각으로 쳐다보고 있었을까? 내가 낯설어서 먼저 다가가지 못할 때도 이름을 먼저 물어봐주고 인사를 먼저 해주는 것이 감사하다. (헤어질 때) 우릴 향해 끝까지 인사하던 모습이 아른거린다.

— 수경

—
축구공 하나에 꿈을 나누는 아이들.

아이돌의 쌍칼은
만만치 않게 날카롭다

●

어느 저녁 우리는 라다크 레에서 쌍칼파가 되기로 했다. 여행을 떠나 처음으로 모두가 한꺼번에 모인 자리였다. 좁은 방 안, 침대에도 앉고 바닥에도 앉고 창틀에도 걸터앉았다. 창밖으로는 이미 짙은 어둠이 내려 있었다. 고산병에 좋다는 녹차를 나누어 마시고 누군가 사 온 망고를 한 조각씩 먹었다. 그러곤 지체 없이 서로의 쌍칼(!)을 내보인다.

"쌍칼로 잘라버리고 싶은 거요? 덜렁거려서 물건을 잘 잃어버리는 거 하고요, 머리카락 뽑는 습관이요."

"화를 잘 내요. 그리고 오늘 할 일을 내일로 미루는 성격이 있는데, 한번 고쳐보고 싶어요."

이야기의 기본 속성이 그렇듯이, 아이들의 쌍칼 고백은 가볍게 시작했지만 한 명씩 돌아가는 사이에 점점 더 깊은 성찰의 세계로 나아간다.

"새로운 일에 대한 두려움이 많아요. 여행학교에 참여한 이유이기도 해요. 또 다른 나를 찾아보고 싶었어요."

"다른 사람에게 의지하려는 버릇이 있어요. 스스로 뭔가 잘할 수 있다는 자신감을 가지고 싶어요."

"욕심이 많아요. 친구들에 대한 시기 같은 거요. 그것이 내마음을 전쟁 상태로 만들 때가 있어요."

문득 놀란다. 아이들의 쌍칼이 만만치 않게 날카롭다. 언제나 가볍고 장난스럽기만 할 것 같은 그들에게 이처럼 깊고 맑게 벼려진 칼날 하나씩이 감춰져 있다. 그런데 그들의 이야기는 자신만의 이야기는 아니다. 친구의 고백이 내가 미처 떠올리지 못한 나의 고백이기도 하고, 나의 고백은 친구의 마음으로 날아가 생각의 씨앗이 되기도 한다.

"쌍칼이요… 이기적인 모습이 있어요. 나만 아니면 되지 하고 생각할 때가 많죠. 책임지고 싶지 않아서겠죠?"

"남들 앞에 있으면 말을 잘 하지 못하고 어색해져요. 쾌활하고 밝은 친구들을 보면 참 보기 좋은데…. 나도 그렇게 되고 싶거든요. 시간이 필요하겠죠?"

습관이나 삶의 태도라는 것이 하루아침에 고칠 수 있는 성

—

'엽서 한 장 부치고 싶다'는 생각이 들게 했던 라마유르 마을의 우체통. 트레킹의 출발점이다.

담벼락 아래 자연의 순환하는 이치를 목격했다. 사진은 곧 부엌 연료가 될 가축의 똥.

질의 것은 아니다. 하지만 여행학교가 어떤 계기가 될 수는 있을 것이다. 프로 야구 선수들은 슬럼프가 찾아오면 좋았을 때의 타격 자세나 기분을 기억해내려고 애쓴다고 한다. 우리도 그랬으면 좋겠다. 여행에 굳이 그 까닭이 있어야 하는 것은 아니겠지만, 소중한 시간과 마음을 내어 떠나왔으니 길을 나설 때의 마음을 정돈해보는 것도 의미가 있을 것 같다. 삶의 모진 길모퉁이에서 서성일 때마다 기억해내고 돌아볼 수 있는 순간을 만들어둘 수 있다면 이번 여행은 더 바랄 나위가 없을 것이다.

쌍칼파 되기 프로젝트! (친구들 이야기를 듣는 동안) 내가 버리고 싶은 두 가지가 타인 지향적이라는 생각이 문득 들었다. 아마 내 자신을 좀 더 소중히 여기지 않아서라고 느껴진다. 기분이 이상하다. (…) 오늘 밤하늘의 별을 보았다. 라다크에서 처음으로 느끼는 신비함? 놀라움? 그냥 좋았다. 단순한 것이 좋다.

— 예인

여행이란
자유를 대가로 불편함을 감내하는 것

●

페이는 라다크의 작은 산골 마을이다. 아이들이 여행 전에 과제물로 읽었던 헬레나 노르베르 호지의 『오래된 미래』에 나오는 라다크 전통 마을 중 하나일 것이다. 레에서 묵었던 게스트하우스 주인장 왕모 아주머니 소개로 알게 된 그곳에서 우리는 3박 4일 동안 지낼 예정이었다. 말하자면 홈스테이인 셈이다. 하지만 그곳 마을은 한 번도 외국인을 대상으로 홈스테이를 받아본 적이 없다고 하니, 우리는 공식적으로 이 마을을 방문하는 첫 외국인이 될지도 모르겠다.

그곳까지는 대중교통편이 없었다. 따라서 우리는 6인승 택시 세 대에 나누어 탔다. 택시가 레 시내를 벗어나자 아이들로서는 지금껏 쉽게 상상해보지 못했을 풍경들이 이어진다. 텅 빈

레, '오래된 미래'의 도시에서 만나는 오래된 미래의 사람들.

도로에는 푸른 바람과 함께 투명한 하늘이 낮게 내려섰고, 거칠고 건조한 산들과 우윳빛 강물이 좌우로 빠르게 흘러갔다. 그 낯선 풍경들이 페이로 가는 길을 더욱 멀고 아득하게 만들고 있었다. 레가 고향인 택시 운전사들도 페이 마을은 처음이라고 했다. 인더스강의 어느 지류쯤 될 강물을 두 번쯤 건너고 고불고불 산길을 한참을 달려 도착한 곳은 페이 마을이 아니라, 언덕 위 티베트 사원이었다. 우리가 가진 정보라곤 왕모 아주머니께서 써주신 '샹가라'라는 지나치게 간단한 주소와 '롭장'이라는 사람의 전화번호가 다였다. 주황색 승복의 스님이 나오시고 운전기사와 대화를 나누더니 롭장이라는 분과 전화 통화를 하시는 것 같았다. 그사이 아이들은 차 밖 공기를 마시며 내게 다가온다. 우리가 지내게 될 집들이 궁금한 모양이다.

"삼촌! 홈스테이 있잖아요, 화장실은 있어요?"

"있기야 하겠지. 어떤 화장실이냐가 문제겠지만."

"샤워는요?"

"글쎄다. 없으면… 뭐, 밤마다 인더스강에서 만나는 걸로~."

"강~이요?"

다시 택시를 타고 언덕 아래로 내려서자 강물을 끼고 작은 마을이 나타났다. 마을 초입에 아주머니 세 분이 계셨다. 라다크에서는 우리처럼 몇 시 몇 분이 아니라 아침때 보자거나 점심때 만나자거나 하는 식으로 약속한다는데, 언제부터들 기다리신 걸까? 미안함도 고마움도 언어로는 전달할 방법이 없어 그들처럼 그냥 미소를 지을 뿐이다.

택시를 타고 가는 길에 경치를 보고 있으니 정말 무슨 영화를 보는 것처럼 아름다웠다.

— 민이

마을에는 40여 가구가 살고 있다고 한다. 우리는 세 집으로 나누어져 지내게 될 모양이었다. 아이들은 이제부터 각자 방식으로 타국의 낯선 문화 속에서 생존해야 할 것이다. 아라, 솔지, 철민, 남수와 같은 모둠이 되어 먼저 한 아주머니를 따라나섰다. 우리 집 이름은 '네스핀'이라 했다. 이곳 집들은 뭇 생명들처럼 자신의 고유 이름을 가지고 있고, 그것이 곧 주소이기도 했다. 다른 모둠 아이들이 지내게 될 집들 역시 '자고', '강첸'이라는 예쁜 이름을 가지고 있다.

네스핀은 라다크의 오래된 전통 나무집으로 크고 튼튼했으며, 내부는 그윽하고 고풍스러웠다. 1층은 가축을 위한, 2층은 사람을 위한, 3층은 사당, 즉 신을 위한 공간이다. 아이들이 궁금했던 화장실은 3층 실내에 있었지만, 변기 구멍은 막힘없이 곧장 2

—
여행자들의 껌딱지 날쌘돌이 남겔.

층을 지나 1층 축사로 연결되어 있다. 그러니까 사람이 3층에서 똥을 누면 그 똥이 1층 축사로 떨어지는 장면을 여과 없이 볼 수 있음을 뜻한다. 사람의 똥은 가축의 사료로 사용되고, 가축의 똥은 곡식의 거름이 되거나 햇볕과 바람에 말려져 연료로도 사용되니 자연이 순환하는 이치를 그대로 보여주는 셈이다. 그런데 좀 놀랐다. 『오래된 미래』를 읽으며 상상했던 것과 달리 마당에는 사륜구동 자동차가 주차되어 있고, 거실에는 TV와 냉장고가 자랑스레 놓여 있었던 것이다. 마을이 생기고 처음 방문하는 외국인들을 위해 나름대로 현대화된 집들만 골라 내놓았을까.

네스핀은 4대에 걸친 대가족이 살고 있다. 고마운 것은 우리를 지구 반대편에서 온 이방인이 아니라 옆집에서 놀러 온 이웃처럼 대한다는 것이다. 요란하지도 어색하지도 않게. 마치 그 집을 방문한 것이 아니라, 그들의 평화로운 일상 속으로 문득 발을 들여놓은 것처럼. 이를테면 이런 일상들. 할아버지께서는 아침이면 마당에 곡식을 널어 말리고 태양열 집열판에 물을 올려놓으신 후, 하루 내내 해의 방향에 따라 곡식과 태양열 집열판을 돌려놓으신다. 어린 증손자를 보는 것은 할머니의 몫인데, 그분이 마니차*를 돌리며 기도하시는 모습은 정지된 사진을

---

* 티베트 불교에서 수행할 때 사용하는 경전이 들어 있는 원통. 글을 읽지 못하는 신도를 위해 만들어졌는데, 마니차를 돌리는 것은 경전을 읽는 것과 같다고 여겨진다.

길은 사라지지 않아

보는 것처럼 자연스러운 일이다. 또 앙축 아저씨와 돌킬 아주머니는 낮 동안 손자 남겔과 함께 논과 밭에 물을 보러 다니거나 가축을 돌보시다가, 이른 오후 집으로 돌아와 가족들과 시간을 보냈다. 그들의 딸 디스킷은 공립 학교 교사라서 주중에는 레에서 생활하다가 주말이면 찾아왔는데, 그녀의 딸, 즉 할아버지와 할머니의 어린 증손자인 양돌은 지구 반대편에서 온 여행자들의 사랑을 독차지하며 "마~, 마~" 옹알이를 하며 온종일 웃곤 했다.

이튿날 오후, 우리 모둠은 아홉 살 남겔을 앞세우고 마을을 산책했다. 그러다 벼가 익어가는 논길을 따라 강가로 나갔다. 아이들은 바지를 걷고 강물을 건넜고, 또 조약돌을 주워 물수제비를 뜨다 새파란 하늘을 배경으로 점프 샷 사진을 찍었다.

"삼촌, 이상하게 몸이 막 가벼워지는 것 같아요~~."

나 역시 그랬다. 내 안에 자리한 많은 것들이 가벼워지는 느낌. 그렇게 우리도 이곳 마을에서 평화로운 일상의 일부가 되어가고 있는지도. 마을로 돌아오는 길에, 말린 소똥을 가지런히 쌓아둔 집 앞에서 세 자매의 초대를 받았다. 차를 마시고 집 안 구조를 살펴보고 옥상에 올라 마을 전경을 구경하는 동안, 아이들은 세 자매와 이메일 주소를 주고받는다. 길 위에서 아이들은 빛의 속도로 친구가 된다. 집에 돌아오니 앙축 아저씨와 돌킬 아주머니는 라다크식 만두인 모모를 만들 준비를 하고 계셨다. 라다크에서 모모는 먼 곳에서 손님이 오면 꼭 만드는 음식이라 했다. 해가 지고 여행학교 아이들은 흐린 백열전구 아래에서 돌킬 아주머니의 가르침대로 모모를 빚기 시작했다.

"돌리고~ 찝고, 돌리고~ 찝고."

아라가 만두를 만들며 나름대로 작사해낸 후렴구다. 돌킬 아주머니가 아라의 한국말 후렴구를 우스꽝스럽게 따라 하면서 부엌은 웃음바다가 된다. 이번에는 내가 '디베트 차이', 그러니까 밀크티 만들기에 도전한다. 세우면 가슴까지 오는 굵고 긴 대나무 통에 싱싱한 야크 우유와 버터와 차를 넣고 주사기를 밀었다 뺏다 하듯이 차이를 섞기 시작한다. 스르릉 출렁. 스르릉 출렁. 10여 년 전 네팔 안나푸르나 트레킹을 하던 중이었다. 길을 잘못 들어 산골의 어느 집에 하룻밤을 묵게 되었던 그날의 기억들이 되살아난다. 화롯불 빛에 기대어 스르릉 출렁 스르릉 출렁 차이를 만들고 마시던 그 따스하고도 달콤했던 기억들. 나름 익숙해 보이는 나의 몸놀림에 돌킬 아주머니는 다소 놀라시고, 아이들은 또다시 웃음바다. 그렇게 밤은 깊어가고 라다크와 한국의 두 언어는 차이처럼 섞여 차이 없이 서로의 가슴에 가닿고 있었다. 낯선 세상에 여행자로 와서 손님이 되어보는 것, 그리고 단 하루일지라도 그들의 가족이 되어 현지인처럼 살아보는 것. 내가 알고 있는 여행의 또 다른 이름이다.

우리가 머물게 된 마을은 너무 이뻤다. 아니 라다크 자체가
하늘이며 산이며 안 이쁜 것이 하나도 없었다. 모든 것이 사
진이 되고 정말 말로 표현할 수 없을 만큼 이뻤다. (…) 우리
가 머물게 된 집에 '양돌'이라는 아기가 있었다. 친해지려 정
말 많은 노력을 한 결과 겨우 친해졌다. 밤에 본 하늘에 쏟
아질 듯한 별들. 태어나서 이렇게 많은 별들은 처음이었다.

— 술지

우리가 묵게 될 집의 아주머니께서는 살짝 부끄러워하시면
서 무뚝뚝하게 낯을 가리셨다. 집에 도착해 방을 보고 짐
을 풀고 나서 거실에 앉아 우리끼리 이야기했다. 라다크 주
민 집에 들어가는 건 처음이라 신발을 신어야 할지 벗어
야 할지 몰라서 신고 들어갔는데, 소심하신 아주머니께서
는 그냥 우리의 행동을 지켜만 보고 계셨다. 라다크도 한국
처럼 신발을 벗고 들어가는 거였다. 한국과 조금 다른 점이
있다면 양말을 꼭 신어야 한다는 점이다.

— 민아

—
고산에서 어린 나무들이 살아가는 법.

늦은 밤 다른 집 아이들이 번갈아 가며 찾아왔다. 우선 자고에 머물던 아이들은 먹는 것 때문에 힘들어했다. 서양인 입맛에 맞게 적절히 조절된 도시 레의 음식과는 달랐기 때문이다. 더군다나 낮에 멀미를 한 막내 우현이는 구토를 하고 아무것도 먹지 못한다 했다. 다행히도 마을에 은퇴하신 의사 선생님이 계셔서 자고 아주머니의 요청을 받고 왕진을 와주셨다. 반면에 강첸의 아이들은 너무 잘 먹어서 탈이 났다. 모모가 진짜 맛있었단다. 두 명이나 배탈이 나서 손가락을 따주어야 했다. 아이들이 고산병에 잘 적응한다 싶었더니, 이제 이국의 음식이 또 다른 장벽으로 등장한 것이다.

다음 날 아침, 자고와 강첸을 순회했다. 낯선 마을 낯선 집에서 낯선 밤을 잘들 보냈을까. 다행히도 자고의 우현이가 좋아졌다. 의사 선생님 왕진 덕분이다. 그런데 유진, 정민, 예인도 식사를 잘 못하는 눈치다. 그래서일까. 소남 아주머니 얼굴이 어두웠다. 그나마 다행인 것은 스칼마라는 여섯 살짜리 여자아이가 있어 아이들에게 웃음을 주고 있었다.

진짜 리얼 문화 체험이다. 음식도 와우! 화장실도 와우! 우리 1960년대 화장실? 흙벽에 흙바닥에 네모난 구멍이 있는데 와우 오줌을 누면 먼지가 날린다. 그런데 집 사람들이 너무 친절하다. (…) 수경 언니랑 비닐 천막 안에서 씻었다.
번갈아가며 펌프질을 하며 씻었는데, 햇빛 때문에 비닐 천
막 안은 덥고 물은 욕이 나올 정도로 차가워서 소름이 돋
았다. 그래도 꿋꿋하게 빨래까지 했다. 정말 장족의 발전이
다. 서유진!

— 유진

오츨의 방에 들어가게 되었다. 우리나라를 비롯해 다른 나
라의 연예인들 사진이 많이 붙어 있었다. 유진이와 동갑인
걸로 알고 있는데, 상당히 어른스러웠다. 하지만 방에 들어
갔을 때는 똑같은 학생이란 것을 느끼고는 좀 놀랐었다.

—수경

그리고 강첸으로 갔다. 이곳에는 열일곱 살 동갑내기 민아
와 다혜, 각각 열여덟 열아홉 살인 정호와 문중, 그리고 대학생
진실이가 있다. 이 집은 첫 집과는 분위기가 달랐다. 밤새 잘들
지냈냐는 나의 인사에 하룻밤 무용담들이 쏟아졌다. 먼저 자기
는 웃지 않고 다른 사람을 웃기는 말재주를 지닌 다혜.

"삼촌, 어제 민아가 눈물 한 바가지 흘렸어요, 샹모 아주머
니 도와드린다고 양파 깠거든요. 헤헤~."

이번에는 지난 라오스 여행학교 때는 과묵한 중학생이었다가 라다크에서는 수다쟁이 고등학생으로 변신한 정호.

"그런데 삼촌, 어제 우리 점심 뭐였는지 아세요? 요구르트에 시금치하고 밥하고 말아서 나왔어요! 으~ 삼촌, 이건 아니잖아요?"

양파와 씨름하느라 눈물 한 바가지 쏟았다는 민아.

"저는 다 먹었어요. 제가 오빠들도 다 먹으라고 막 시켰어요. 그리고요, 샤워장도 끝내줘요. 마당에 천막 있거든요. 크크. 여자들끼리 좀 무섭기도 하고 그랬는데요, 웃고 떠들고 진짜 재미있었어요."

모든 아이가 침 튀기며 자랑하는 이야기가 하나 더 있다. 지난밤 2층 옥상에 올라가 다 함께 누워 바라본 별똥별 이야기다. 평소 '별이 쏟아진다'는 표현이 참 진부하다고 생각했는데, 그것이 아니라는 걸 알았단다. 나 역시도 같은 날 같은 밤하늘을 봤었다. 옛사람들이 '은하수(Milky Way)'라고 이름 지은 이유를 자연스레 납득할 수 있었다. 밤하늘에는 별들이 강물처럼 선명한 우윳빛 물줄기로 흘렀던 것이다.

(집 옥상으로 올라가) 바닥에 매트를 깔고 침낭을 이불 삼아 하늘에 촘촘히 떠 있는 별을 보았다. 누워서 보는 별들이

얼마나 예쁘던지. 정말 쏟아져 내릴 것만 같았다. 별똥별도 두세 개는 보았다. 무사히 트레킹을 끝낼 수 있게 해달라고 빌었다. 문종, 정호, 민아, 다혜, 나 이렇게 다섯은 차례로 누워 여러 가지 이야기를 하며 오랫동안 별을 보았다.

— 진실

네스핀과 자고와 강첸, 세 집으로 나누어져 하룻밤을 보낸 아이들은 자신들의 방식으로 히말라야 낯선 땅 낯선 마을에서 낯선 음식을 마주하며 낯선 별들과 낯선 시간들에게 그렇게 인사를 나누고 있었다. 훗날 많은 시간이 지나 우리의 여행을 찬찬히 돌아볼 수 있을 때에는 어떻게 그처럼 평화로운 마을에서 지낼 수 있었을까, 하는 생각이 들지도 모르겠다. 문명으로부터 고립되고, 불편하거나 부족한 것들이 지천이지만 이상하게도 평화로웠던 그 기억들에 대한 그리움으로 가슴 한쪽이 뻐근해질지도. 사실 생각해보면 여행이 그렇다. 음식이든 잠자리든, 자유를 대가로 불편함을 감내하는 것. 혹은 불편함 또는 부족함과 친해짐으로써 자유로워지는 것.

오늘은 첫 홈스테이가 있는 날이다. 레에서 택시를 타고 가는 나의 마음은 기대 반 걱정 반이었다. 왜냐하면 전에 라

라다크 페이 마을의 평화로운 하루하루.

—
내 이름은 네스핀!

오스 여행학교 때 주인 분과 말 한 마디 못 하고 잠만 잤기
때문이다. 걱정과 달리 집주인인 쌍모 아주머님은 아주 잘
대해주셨다. 점심에는 밥에 요구르트를 비벼주셨다. 정말 처
음 먹어보는 음식이었기 때문에 힘들었다. 속이 울렁거린다.
이 음식은 정말 먹지 못할 음식인 것 같다. 음식을 먹고 오
늘은 계속 집에만 있었다. 내일은 나가서 마을 사람들을 만
나보고 싶다. 밤에는 2층으로 올라가 침낭을 깔고 별을 보
면서 잤다. 여러 개의 별똥별을 보고 굉장히 기분이 좋았다.

― 정호

길은 사라지지 않아

여행은 만나는 일이 아니라 헤어지는 일

●

페이 마을에서의 하루는 단조롭다. 40여 가구가 모여 있는 마을에 산 그림자가 물러나고 음양의 세계가 경계를 짓기 시작할 때면 오래된 마을은 눈을 뜬다. 이곳에서는 모든 것들이 옛날부터, 그리고 앞으로도 언제까지나, 있는 모습 그대로 깨어나고 활동하다 잠이 들 것만 같다. 지붕 위에서 낡은 몸짓으로 휘날리는 룽가도, 마을 어귀에 줄지어 선 자작나무들도, 우윳빛으로 흘러와 흘러가는 강물들도 다 그렇다. 언제나처럼. 그곳에 속한 사람들도 마찬가지다. 눈을 뜨면 마당에 곡식을 널고, 아침 햇살을 받으며 마니차를 돌리다, 논과 밭에 물을 보러 나가거나 소나 염소에게 꼴을 먹이고, 저녁이면 노란 백열등 아래 온 가족이 모여 식사를 한다. 단조롭고도 평화로움이 그지없다.

'이곳에서 한동안 살아보는 건 어떻게 생각하니?'

눈앞 풍경들이 말을 건네는 소리를 듣는다. 여행학교 아이들은 어떨까? 바쁘고 복잡한 일상 속에서 갓 빠져나온 그들에게 이 단조로운 일상들이 과연 어떤 기억으로 남게 될까? 한편으로 궁금하고 또 한편으로 걱정스럽다.

홈스테이 3일 동안 아이들은 네스핀과 자고와 강첸의 집 안에서 각자 보내는 시간들이 많았다. 그들은 스칼마와 남겔과 양돌과 같은 꼬마들괴 놀거나, 주운 나뭇가지를 깎아 윷놀이를 하거나, 주인아주머니 부엌일을 도와주며 하루를 보냈다. 또 밀린 일기를 쓰거나 빨래를 하고 그래도 심심하면 서로의 집을 방문했다. 홈스테이를 선택한 것은 라다크의 오래된 미래가 보여주는 가치에 조금 더 가까이 다가서서 '나와 우리'의 삶을 돌아보고 싶었던 것인데, 3박 4일의 시간이 그들에겐 그저 불편함과 지루함으로 기억되는 것은 아닐지….

아프니 사람들께 미안하고 고마웠다. 홈스테이 아주머니께서 날 위해 레몬차를 끓여주셨다. 한국의 유자차와 비슷해서인지 금방 기운을 차릴 수 있었다.

—— 아라

—
왕할머니와 양돌.

벌써 홈스테이 하루가 지나갔다. 이곳 아이들에게 정이 들
어버렸다. 하지만 이제 3박 4일 동안 이틀만 볼 수 있다. 증
조할머니, 할아버지, 할머니, 양돌, 남겔 모든 사람과 집에
정이 들었나 보다. 특히 양돌이라는 세 살짜리 아이랑 친해
졌다. 순수하고 웃음이 많다.『오래된 미래』책에서 본 내용
이랑 거의 같다. 지금 라다크가 많이 발전했지만 아직도 4
대가 같이 살아서 더 친근하고 재미있는 줄도 모르겠다.

— 남수

오늘 남수가 나뭇가지로 윷을 만들었다. 크기도 작고 허술
해 보여도 좋은 윷이었다. 남수가 만든 윷으로 다 같이 윷
놀이를 했다. (…) 저녁으로 다 같이 모모를 만들었다. 할머
니 할아버지께서는 너무 잘하시는데 나는 막 터지고 어려
웠다. 다 만든 모모는 너무 맛있었다.

— 솔지

쌍모는 모모를 너무 쉽게 빚는데 직접 해보니 쌍모처럼 예
쁘게 빚기가 너무 어려운 일이었다. 민아는 솜씨가 좋은지
곧잘 쌍모처럼 모모를 만들었다. 자꾸 만두피 바깥으로 나
오는 속 때문에 만두 모양이 흐트러졌다. 매운 양파를 까

길은 사라지지 않아

는 일부터 시작해서 속을 만들고 만두피를 사용해 하나씩 모모를 만드는 게 손이 많이 가는 일이었다. 쪼그려 앉아서 오랜 시간 만드니 허리, 다리 안 아픈 곳이 없었다. 그 힘든 일을 어제저녁 쌍모 혼자 해낸 걸 생각하니 정말 대단하다고 생각되었다.

— 진실

조금만 관심을 기울여보면 페이 마을은 곳곳에 따뜻하고 자유로운 공동체 모습이 살아 있다. 노인이든 여성이든 어린 꼬마든 가족과 마을 공동체 안에서 자신의 할 일을 가지고 자존감을 품은 채 살아간다. 화장실에서 나온 사람의 똥은 거름이 되어 밭으로 순환되고, 담장 한편에 가지런히 쌓인 가축의 말린 똥 역시 가정의 연료로 다시 태어난다. 그리고 먼 곳에서 온 여행자는 누구라도 머무는 동안은 이곳 마을의 가족이 된다. 하지만 이 모든 삶의 조각들은 하나씩 맞추어야 이야기가 되고, 그러기에 이곳에서의 우리 삶은 짧고 서툴러 아쉽기만 하다.

하루는 남겔과 스칼마를 길잡이 삼아 언덕 위 티베트 사원까지 모두 함께 산책을 갔다. 히말라야 트레킹을 앞두고 아이들 몸 상태를 점검하려는 목적도 있었다. 산책이라고는 했지만 언덕을 오르는 길은 좁고 가파르게 뻗어 있었고, 결국 언덕 끝에

—
고요함, 그리고 평화로움.

올라서자 진실이가 울음을 터트렸다. 그는 그날 일기에다 심장이 터질 것 같았다고, 트레킹을 하지 못할 것 같아 눈물이 나왔다고, 그렇게 적고 있었다. 마지막으로 언덕을 오른 유진의 발걸음은 거북이와도 경쟁할 수 없을 듯했다. 히말라야에 오르면 저 거북이와 나는 동행하게 될 것이고 셀 수 없이 거북이의 등을 미느라 나의 존재 가치를 확인하게 될 것이다.

느리지만, 한 걸음씩 고산 지역에 익숙해져가는 사이에 불쑥 페이 마을에서의 마지막 밤이 다가왔다. 우리는 세 집 식구들과 몇몇 마을 사람들을 초대하여 작은 음악회를 열었다. 「아름다운 것들」, 「섬집 아기」, 「아리랑」. 한국 노래 세 곡을 오카리나와 리코더와 단소로 합주했다. 아이들은 오늘의 작은 음악회를 위해 시간 날 때마다 연습해왔다. 이방인을 가족처럼 맞이해준 마을 사람들께 감사의 마음을 전하고자 함이었다. 마을 분들은 처음 듣는 선율과 노랫말에도 정성껏 귀를 기울여주셨다. 그런 다음. 답가라고 해야겠지. 어린 소녀 스칼마가 전통 옷까지 차려입고 라다크 전통 춤을 추었다. 박수와 격려. 웃음. 그리고는 다 함께 기념사진을 찍고 집으로 돌아오는 길. 은하수 물줄기가 검푸른 히말라야의 하늘을 건너고 있었다. 다 함께 고개를 젖혀 하늘을 보다 문득 한 녀석이 독백하듯 이야기한다.

"삼촌, 이상해요. 떠나기 전 학교 일들이 언제였나 싶어요."

학기 중에 힘들었던 시간들이 아득하게 다가오는 모양이었다. 나 역시 마찬가지였다. 이곳으로 오기 직전까지 내가 하고 있었던 일들, 아등바등 매달리며 머리 싸매왔던 일들이 다 무엇이었나 싶다. 무엇 때문에 삶이 그리 복잡했나 싶다. 그만큼 이곳에서의 삶은 우리가 살아왔던 환경과는 달랐다. 높았고, 높은 만큼 공기가 희박했고, 공기가 희박한 만큼 눈이 아프도록 세상이 투명했다. 그래서 단순했다. 이 모든 것들이 지금껏 살아오면서 내가 친숙하다고 생각했던 많은 것들로부터 우리를 점점 멀리 데려갔다. 반면 낯설다고 여겼던 많은 것들이 조금씩 우리 안으로 한 걸음씩 들어서는 중이었다. 그리고 이어지는 말.

"삼촌, 이번 여행 잘 온 것 같아요."

"흠. 그래?"

"제가 여기 있는 것이 신기해요. 이런 곳에."

나 역시 신기하다. 그리고 고맙다. 어쩌자고, 이 높고 험한 고산 지역에 열네 명의 아이들과 함께 오게 되었는지. 또 이 단조로운 시골 마을에서 피 끓는 청소년들을 4일 동안이나 붙잡아둘 생각을 했는지. 신기하지만, 나는 안다. 아이들을 믿기 때문이다. 아이들 앞에 놓인 자연을 믿고, 그 자연과 닮은 아이들을 믿기 때문이다. 아이들은 자신이 지금껏 살아온 세계 말고도 또 다른 세계가 있다는 사실을 몸으로 받아들이는 데 시간이 필요할 뿐이고, 결국 자신만의 쌍칼을 가지고 이 길을 나섰듯이 자신만의 느낌과 생각을 가지고 집으로 돌아가게 될 것이란 걸 믿기 때문이다.

떠나는 날 아침이었다. 자고의 주인아주머니는 아이들 목에 흰색 천을 둘러주었다. 이제는 한 식구라는 뜻이다. 강첸의 쌍모 아주머니는 기념사진을 찍다 결국 울음을 터트리고 만다. 네스핀의 증조할머니께서는 지그시 잡은 아이들 손을 놓질 못하신다. 그 마음들은 여행학교 아이들도 마찬가지다. 고작 3박 4일. 그 시간 안에 생겨난 서로에 대한 마음의 두께로 이처럼 아프다. 누구는 더 오래 있고 싶어 아쉽고, 누구는 있는 동안에 더 잘할걸 하는 마음 때문에 아프고, 또 누구는 언제 다시 만날 수 있을까 가늠할 수 없어 슬프다. 흔히들 여행이란 만나는 일이라고 한다. 나 역시 여행이란 낯선 세계와 낯선 사람들과 그들의 낯선 삶과 문화를 만나는 일이라고 생각해왔다. 하지만 사실 여행은 만나는 일이 아니라 헤어지는 일임을 페이 마을을 떠나는 날 아침 우리는 배우고 있다.

헤어질 때가 되니 아쉬운 게 하나둘이 아니었다. 더 친해질 걸 하는 마음이 제일 강했다. 이분들의 친절과 미소는 평생

잊지 못할 것이다. 헤어질 때 양돌이 아파서 나의 인사를
받지 못해 슬펐다.

— 솔지

남겔에게 선물을 주고 다시 쌍모 아주머니 집에 가서 아저
씨께 선물을 드렸다. 페이를 떠나려고 아주머니께 인사를
드리자 아주머니께서 눈물을 글썽이셨다.

— 문중

처음에 이 집에 왔을 때에는 낯선 환경에서 어떻게 지낼지
걱정만 가득했는데, 오늘처럼 그리운 게 처음인 것 같다. 만
남이 있으면 헤어짐이 있는 것은 당연하지만, 지금만큼은
발걸음이 떨어지지 않는다.

— 철민

할머니와 누나께 선물을 주었다. 부채였는데 엄청 좋아하셨
다. 음식이 안 맞아서 힘들어서 빨리 떠나고 싶었지만 마지
막 날이니까 왠지 슬펐다.

— 우현

트레킹 떠나는 날. 가족의 표시라고 흰색 천을 둘러주시는
홈스테이 아주머니. 항상 우리 입맛에 맞추어 반찬을 해주
시고 간식과 주스를 챙겨주시던 모습을 떠올리며 반성할
수밖에 없었다. 나의 편안함만 생각하여 그분들의 기분을
생각하지 못하고 행동한 적이 많았다.

— 예인

이름과 주소도 나누고, 가족의 의미로 흰 천도 둘러주셨다.
예인 오빠가 메모를 남겼는데, 그중 'See you later'란 말이
안타까웠다. 다음번에 만날 확신이 들지 않았기 때문이다.

— 수경

2

히말라야 트레킹에서 알게 된 것들

내려갈 길을 굳이 올라가는 까닭

●

두려움과 설렘. 모두가 그토록 기다려왔던 히말라야 트레킹 첫날이다. 우리는 라다크 히말라야의 여러 길 가운데 라마유르 (Lamayuru) 코스를 선택했다. 라다크는 동서로 길게 뻗은 히말라야 서쪽 끝자락에 위치한다. 라마유르 코스는 라다크 히말라야의 깊고 아름다운 트레킹 코스 중 하나로서 일반적인 여행자들에게는 덜 알려진 독립적이고 탐험적인 느낌을 주는 코스라 했다. 실제 우리가 걷는 동안 만난 다른 여행자들은 손가락에 꼽을 정도였다. 보통 4박 5일이 소요되고, 해발 3,500미터에서 5천 미터 사이의 험준한 고개 두세 개를 넘어야 하는 힘겨운 코스였다.

처음에는 텐트, 침낭, 조리 기구, 식료품 등 야영 장비를 레

현지에서 구해 직접 밥을 해 먹으며 트레킹을 할 계획이었다. 당나귀와 당나귀 몰이꾼 역시 트레킹 출발 지점에서 직접 알아봐서 야영 장비들을 싣고 그들을 가이드 삼아 걸을 생각이었다. 그러나 레에서 아이들이 고산병과 싸우는 동안 계획을 수정해야 했다. 히말라야를 걷는 일만으로도 아이들에겐 충분히 벅차고 힘든 일로 보였기 때문이다. 현지 여행사들을 몇 군데 돌아보며 가이드 한 명, 요리사 두 명, 헬퍼 네 명, 당나귀 약 열 마리와 캠핑 준비물 및 식료품 일체를 패키지로 계약한 것이다. 다만 트레킹 도중 급격한 산소 부족 상황에 대비해 휴대용 산소통 열 개, 끓인 물을 담을 수 있는 개인 물통 열다섯 개, 계곡물을 정제하는 정제 알약 세 통, 고산증에 효과가 있다고 알려진 다이아막스 두 통 등을 추가로 구입함으로써 트레킹 준비를 마쳤다.

페이 마을을 떠나는 날 아침. 사륜구동 승용차, 트럭, 미니버스가 한 대씩 마을로 들어왔다. 트럭에는 4박 5일 동안 우리의 집이 되어줄 텐트와 요리 장비와 식료품들이 가득 실려 있었다. 여행사 대표 겟쵸가 가이드, 요리사, 헬퍼들을 소개해주었다. 그리고 마침내 출발.

마을을 떠나 세 시간쯤 달려 도착한 곳은 트레킹의 시작점인 라마유르였다. 라마유르를 우선 돌아보기로 한다. 언덕 위에 보이는 하얀 곰파(Gompa)를 향해 걷는다. 곰파는 사원이다. 마을은 사막빛의 구멍이 숭숭 뚫린 산비탈을 따라 형성되어 있다. 곡예하듯 가옥들을 품고 나아가던 길 끝자락에 푸른 하늘을 날개 삼아 곰파가 하얗게 서 있었다. 황량했다. 그리고 지독히 아름다웠다. 누런 산과 하얀 곰파와 스님의 자줏빛 승복이 서로를 신비롭게 대비시켰다. 그 길에서 마니차를 돌리며 기도하는 노인들을 만난다. 굴렁쇠를 굴리며 뛰어가는 꼬마도 있다. 어디서부터 타고 왔을지 모를 모터바이크 여행자도 만난다. 만약 여행학교 아이들과 동행하지 않았다면 나 역시 저렇게 오토바이를 타고 저토록 황량한 언덕에 서서 저처럼 고고한 얼굴로 마을을 내려다보았을지도.

아이들이 처음 방문한 곰파를 한 바퀴 돌아보는 사이, 나는 하늘을 보며 심호흡을 한다. 이제 시작이다. 그러고는 다시 마을로 내려왔다. 고산 지역이므로, 아이들의 얼굴은 곰파를 다녀온 것만으로도 적지 않은 에너지를 사용한 듯 상기되어 있다. 드디어 가이드 지미가 선두에 섰다. 본격적인 트레킹 코스로 접어든 것이다. 그때 아이 하나가 툴툴거리는 소리가 들려온다.

"내려올 거면서, 곰파에는 왜 올라간 거야?"

곰파에 다녀오느라 이미 한 시간이나 걸렸지만, 오늘 우리가 걸어가야 할 길은 총량에서 조금도 줄지 않았다는 사실이 아이들 마음을 괴롭히는 모양이다. 그러게. 내려올 것을 왜 올라갔을까. 아이들은 그 이유를 아직 모른다. 물론 그들만 모르는 것은 아니다. 나 역시 세계 이곳저곳을 돌아다니면서도 아직 그 이유를 잘 알지 못한다. 앞으로 5일 동안 매일매일 해야 할 짓이 결국 내려갈 것을 힘들여 올라가는 일이고, 역시나 올라갈 길을 굳이 내려가는 일임에도. 그 까닭을 조금이나마 알게 될 즈음이면 아마도 우리의 트레킹은 끝나가고 있을 것이다. 흘깃흘깃 뒤돌아보며 히말라야 어느 자락에 흘려두고 온 마음을 애써 감추느라 발걸음이 느려지는 것을 느끼면서 말이다.

내려올 길을 공들여 걸어 오르기 시작했다. 히말라야의 하늘은 푸른 물감이 뚝뚝 떨어질 것처럼 파랬고, 대기는 투명했다. 앞뒤 좌우 눈 닿는 곳마다 해발 5천 미터, 해발 6천 미터를 아무렇지도 않게 넘나드는 산봉우리가 연이어 솟아 있다. 우리가 걸어갈 길은 능선을 따라 이어지고 이어지고 또 이어져서 결국 산머리 뒤편으로 사라지곤 했다. 이 길 위에 선 사람이라면 누구라도 길이란 원래 끝나지 않는 것이고 그것만이 길의 유일한 속성이라고 믿게 될 것 같다. 30분 만에 여행학교의 대표 거북이 유진이와 막내 우현이가 뒤처지기 시작한다. 길 위에 내딛는 발걸음이 시간으로 쌓여감에 따라 아이들은 점점 말이 없어진다. 자신과의 진검 승부가 시작된 것이다.

'힘들어. 끔찍해. 미칠 것 같아…. 언제 이 길이 끝날까…?'

히말라야 트레킹, 우윳빛 강물을 건너 걸어가기.

해발 3,750미터 프린키티 라에서 못 간다고 주저앉은 아이들.

모두가 속으로 그런 말들을 하고 있지만, 누구의 입술도 열리지 않는다. 이유는 간단하다. 극한의 힘듦 속에서는 말을 할 수가 없다. 말로 되어 나오는 그 순간부터 단 한 걸음도 더 내딛을 수 없을 것만 같기 때문이다.

조그만 오르막길에서 숨이 차올라 너무 힘들었는데 이것은 시작에 불과했다. 중간에 산 하나를 넘었는데 심장이 터져 버리는 줄 알았다. 이래서 5일을 버틸 수 있으려나 걱정이다.

— 솔지

힘들긴 했지만 혼자 생각할 시간이 많아서, 그리고 아무 생각이 안 나서 참 좋았다. 한국에서는 이렇게 오랜 시간을 자연과 함께하는 것이 힘든데. 머리가 하얘지며 풍경만 눈에 들어왔다.

— 아라

처음엔 괜찮았는데 가면 갈수록 힘들어 미치는 줄 알았다. 어지럽기도 했다. 죽을 고비를 넘겨가며 트레킹을 끝내고 숙소에 도착했다. 저녁을 먹고 거의 바로 잠들었다.

— 우현

길은 사라지지 않아

히말라야의 경치는 정말 멋있었고, 죽기 전에 못 보고 가는
사람들도 있는데 우리가 볼 수 있는 것이 얼마나 행운인가
를 생각했다.

— 진실

오늘은 트레킹을 하는 날이다. 그래서인지 마음이 들뜬 상
태였다. (…) 점심을 먹고 나서 본격적인 트레킹에 나섰다.
너무 힘들어서 올라가기 싫었다. 첫 트레킹인데 너무 한다
고 생각했다. 앞으로 얼마나 더 트레킹을 할 것인지 앞이 막
막했다.

— 철민

길은 누구에게는 혼자 걷는 즐거움이지만, 또 누구에게는
죽을 고비가 된다. 앞으로 걷게 될 길들이 설렘으로 기다려지기
도 하지만, 힘든 이 길을 5일 동안 걸을 생각에 눈앞이 막막해
지기도 한다. 길은 하나인데도 길이 사람을 만나는 순간, 길은
이처럼 다양해진다. 수천 년 동안 이 길을 앞서 걸었을 수많은
순례자와 상인과 여행자들에게도 마찬가지였을 것이다. 삶이
그렇듯이, 히말라야의 길은 그들에게 생명과 환희와 자유였다
가, 때론 고통과 막막함과 죽음이기도 했을 것이다.

—
트레킹 3일째 아침, 꼰제-라를 향하여 걷고 또 걷는다.

—
이렇게 아름다운 길을 우리가 걷는다는 것이 바로 기적이다.

환희였다가 고통이었다가 다양한 극한의 감정들을 번갈아 가며 선물하던 길이 세 시간 만에 한 단락을 이루었다. 마침내 첫 번째 고개인 해발 3,750미터의 프린키티 라(Prinkiti La)에 올라선 것이다. 아이들 몇은 히말라야 설산들을 가슴에 끌어안듯 팔 벌려 소리를 질렀고, 몇은 마지막 걸음을 옮겨놓고는 늦가을 기력을 다한 식물처럼 바위 위에 쓰러졌고, 또 몇은 남은 기운을 모아 사물놀이 장단에 맞춰 춤을 추었다. 그리고 푸른 하늘 끝에서부터 하얀 바람이 우리 몸 긴장한 근육들 사이사이로 불어왔다. 시원했다. 눈을 감아야 했다. 잘했다. 잘했어. 여기까지 참 잘 왔다. 히말라야 영봉들이 굽이굽이 물결치며 우리를 그렇게 위로하는 듯했다.

고개를 넘어서자 길은 줄곧 내리막이었다. 가파른 길을 벗어나자 예쁜 강을 따라 자작나무가 줄지어 선 넓은 길이 이어졌다. 길이 편해지자 아이들은 삼삼오오 짝을 지어 이야기하며 걸었다. 얼굴들이 밝아졌다. 첫 고개를 무사히 넘어섰다는 자신감과 안도감 때문일 것이다. 언제부턴가 나와 나란히 걷던 철민이가 뜬금없이 다짐 하나를 이야기한다. 평소 자신의 생각을 표현하는 데 서툰 아이다.

"학교에 돌아가면, 이제 급식 안 남기고 다 먹을 거예요."

"그래? 멋진데~! 사진 찍어 보내라. 인증 샷!"

히말라야를 걷다가 갑자기 학교 급식이 왜 생각났는지는 모르겠다. 하지만 그따위 개연성은 중요치 않다. 소중한 것은 아이들이 자신의 삶을 진지하게 돌아보기 시작했다는 점이다. 이유도 모른 채 학교와 학원을 오가며 바쁘게만 살아왔던 자신의 삶을 멀리 떨어진 자리에서 바라볼 힘이 생기기 시작했다는 뜻이다. (여행에서 돌아온 후 철민이의 인증 샷은 도착하지 않았다. 대신한 달쯤 되었을 때다. 제주도 집으로 편지 하나가 도착했는데, 철민이 어머니께서 보낸 편지였다. 철민이가 달라졌다고 하셨다. 아이가 모든 일에 적극적이고 무엇이든 스스로 하려 한다며 고마운 마음을 전해온 것이다.)

날라 마을의 영문 입간판 'NALLA'를 먼저 발견한 것도 철민이었다. 캠핑장에 도착했을 때에는 해가 천천히 지고 있었다. 행복하게도, 앞서 걸어갔던 요리사와 헬퍼들이 이미 텐트를 쳐놓았고 요리가 준비되고 있었다. 치킨 카레와 토마토 스튜와 라다크 정식 '달'. 그리고 김치! 당연히 아이들은 열광했다. 김치는 레의 껠라쉬 게스트하우스 주인장이 여행사 대표 겟쵸를 통해 보내온 것이다. 그녀의 정체는 추후에 밝힐 기회가 있을 것이다. 그리고 아이들이 열광한 것이 하나 더 있다. 깊은 산골 마을 날라에도 작은 상점이 하나 있었던 것이다. 아이들은 어떻게 알아냈는지 짝지어 상점으로 달려가 진열대에서 먼지를 뒤집어쓴 채 잠자고 있던 탄산음료들을 사들였다.

식사를 마치자마자 다수의 아이들은 텐트 속으로 파고든다. 아내와 나는 아직 기운이 남은 몇몇 아이들과 함께 계곡으로 산책을 나갔다. 완전한 어둠이 우리를 삼켰다. 단지 계곡물 소리만이 어둠을 직시하고 있었다. 그때였다.

"삼촌! 별똥별!"

"또! 또! 봤어요?"

별똥별이 하나, 둘, 그리고 셋, 떨어졌다. 그리고 모두가 조용했다. 계곡물 소리가 다른 모든 이야기를 삼킨 이유도 있겠으나, 아이들은 별똥별을 보며 말을 잊었다. 마음속에 소원을 새기는 걸까. 하나, 둘, 그리고 셋. 소원들을 하늘로 올려보낸다. 아무도 다치지 않도록, 하나. 고산병이 우리의 발걸음을 막지 못하도록, 둘. 라다크에서의 이 시간만이라도 모두 행복할 수 있도록, 셋. 그렇게 완전한 어둠 속으로 우리의 소원들을 던져두고 텐트 불빛 속으로 돌아왔다.

산소가 정말 부족했다. 캠핑장에 간신히 도착했다. 밥을 맛없게 먹고 나서, 배가 아파 강가에서 해결하려고 했는데 주위에서 도움을 주지 않아 바로 잤다.

— 문종

(캠핑장에) 도착하고 시냇가에서 머리를 감았다. 아, 정신이 맑아지는 이 기분은 와~~. 얼음? 물? 구별이 안 간다. 밥에 김치가 나와서 힘이 불쑥! 이제는 내가 에베레스트도 정복할 수 있겠다. 오늘은 모두 다 괜찮은지 일기 쓰는데 아주 시끄러워 죽겠다. 특히 유진이 누나!

— 남수

난 초반 평지에서 분노의 걷기를 선보였다. 가이드인 지미와 정다웁게 이야기하며 선두를 유지했다. 그러다 갑자기 오르막이 나오자 죽을 것 같은 거였다. 그리하여 선두에서 꼴찌가 된 한 방 인생을 맛보게 되었는데, 진짜로 힘들었다. 그때 정호가 "삼촌이 누나 챙기래"라면서 왔다. 오르막을 가면서 박정호 이 아름다운 녀석은 "아 누나, 쉬면은 더 힘들어. 빨리 가, 빨리!", "누나만 힘든 거 아니잖아. 다른 사람들도 힘들게 가고 있잖아"라며 우리 언니보다 심한 잔소리를 연타로 날렸다. (…) 캠핑장에 도착하고 나서 박정호가 "누나, 나 아니었음 지금도 산에 있어"라고 말했는데, 진짜 그렇게 생각했다. 고마워 정호야~!

— 유진

별똥별도 와주지 않는 무심한 밤

●

　당나귀 웃음소리가 히말라야의 아침을 깨운다. 여행학교 아이들은 아직 전날의 피로와 잠으로부터 풀려나지 않았고, 마을 길 어귀에서 먼 길 떠날 준비를 하던 당나귀들의 부산스러움만이 희뿌연 밤 그림자를 밀어내고 있었다. 홀로 히말라야의 아침을 서성이던 내게 밀크티 한 잔을 가져다준 것은 요리사 제왕이었다.

　"Mountains, beautiful, ya?"

　아름답고말고. 어디 산들뿐이랴. 강물도, 마을도, 구름도, 바람도, 그리고 이곳에서 살아가는 사람들도 모두 다, 경이로울 만큼 아름답고 평화롭다.

　"난 말이지, 라다크에서 일하고 있지만, 사실은 히말라야의

—
드디어 해발 4,900미터 꼰제-라에 서서 평화를 누린다.

심장인 네팔 사람이야."

제왕은 중요한 비밀 하나를 들려주는 것처럼 목소리까지 낮췄다. 그리고 검고 투박한 손으로 자신의 심장을 툭툭 쳤다. 나는 어쩐지 선하고 장난기 많은 그의 눈이 언젠가 네팔 안나푸르나를 걸을 때 보았던 어린 야크의 눈과 닮아 있다고 생각했다.

"난 있잖아, 나의 직업을 사랑해. 내 고향 히말라야를 걸으면서 히말라야가 좋아서 찾아온 여행자들에게 내가 좋아하는 요리를 해줄 수 있거든. 물론 그들로부터 먼 나라 이야기를 듣는 것도 내가 좋아하는 일이지."

그는 물어보지도 않은 이야기들을 술술 풀어놓는다. 수다스러웠던 프랑스 여행자들, 뭐든 잘 먹어주어 고마웠던 미국 여행자들, 예의 바르고 친절한 일본 여행자들에 대한 이야기들. 한국 여행자들은 우리가 처음이라는 이야기도 덧붙였다. 그런데 나는 그의 이야기를 들으며 그가 정작 하고 싶은 이야기는 먼 나라에서 온 여행자들에 대한 것이 아니라, 그들이 실어 온 먼 나라에 대한 그리움이라는 생각이 문득 들었다. 말하자면 요리사인 그도 실은 나처럼 여행자였던 것이다.

"나도 당신의 직업이 좋아. 걷고, 요리하고, 이야기 듣고."

정말이다. 그날 아침 나는 그의 직업이 부러웠다.

오늘은 어제와 달리 가파른 길이 없어 쉬울 거라는 설명을 남기고 그는 주방 텐트로 돌아갔다. 그러자 여행학교 아이들이 하나둘 텐트를 열어젖히고 히말라야의 아침 속으로 기어 나왔다. 트레킹 둘째 날이 시작된 것이다. 아이들은 눈곱을 떼어내고 세수를 하고, 또 아침으로 밀크티와 토스트와 계란프라이를 먹고 난 후에도 전날의 피로에서 완전히 벗어나지 못한 얼굴이다. 점심 도시락을 각자의 가방에 챙겨 넣으면서도 오늘 우리 앞에 놓인 길들이 현실의 무게로 다가서지 않는 듯하다.

드디어 삼삼오오 짝을 지어 당나귀들이 앞서간 길을 따라 걷기 시작한다. 길은 마을을 벗어나며 우윳빛 강물을 따라서 고산 병풍들 사이로 나아갔다. 모퉁이를 돌아설 때마다 카메라를 빼어 들 수밖에 없도록 만드는 풍경이 내내 이어진다. 아이들이 짝을 지어 걸으며 도란거리는 걸 보니 전날에 비해 걷기가 쉬운 모양이다. 내 옆에는 해남에서 온 남수가 함께 걷고 있었는데, 중학교 2학년인 녀석의 남도 억양이 히말라야 산길과 운율이 딱딱 맞아떨어지는 느낌이다.

"삼촌, 백두산 천지를 보면 조상 3대가 착한 일을 했다 하잖아요. 지금 저는 히말라야를 걷고 있으니까 아마 10대 정도는 착한 일을 한 거지요?"

그러더니 녀석은 폴짝 길 아래로 뛰어내린다. 그러곤 강물을 물통에 담더니 내가 어떻게 말릴 틈도 없이 벌컥벌컥 마셔버린다. 이곳 계곡물에는 석회수가 섞여 있어 정수 알약을 타서 먹어야 한다고 몇 번이고 말했었다. 그럼에도 녀석은 해남 시골에서 살던 그 버릇 그대로 제멋대로다. 그놈의 성질머리가 싫은 건 아니지만, 그래도 걱정이다.

"이 촌놈아, 네 배 속은 강철로 만들었냐?"

"에이~ 괜찮아요."

괜찮기는 무슨. 결국 그날 저녁 그는 배가 아파 화장실을 들락거렸다. 그래도 녀석을 보면 기분이 좋아지는 건 어쩔 수 없다. 길들여지지 않은 날것의 싱싱함 때문이겠지.

> 히말라야는 너무 광활하고 멋지다. 그리고 우윳빛 강물이 흐른다. 오늘은 선두 주자였다. 오다가 강물을 마시며 당나귀 똥을 따라 잠자는 곳까지 왔다. 트레킹보다, 똥 싸는 것보다, 차가운 물에 들어가는 것보다, 잠자는 곳 찾는 것이 제일 힘들었다. 쿠키를 먹고 밀크티를 마시고, 아 힘이 든다. 오다가 배에 가스가 찼는지 방귀를 뀌면서 왔다. 냄새는 상상에 맡긴다. 힘들게 밥을 먹는데 신호가… 아 뀌어야 하는데 계속 참으니까 배가 너무 아팠다. 설사가 나올 것 같다.
>
> — 남수

세 시간 정도를 걸어 계곡물이 흐르는 물가에서 점심 도시락을 먹었다. 아이들은 빙하에서 흘러왔을 그 차가운 물에서 물장구치고 머리 감고 가위바위보에 지는 사람은 거꾸로 머리를 입수하는 놀이에 몰입했다. 아이들답다. 힘들어도 일단 놀아야 하는 것이 아이들이니까. 하지만 오르막이 시작되면서부터 뒤처지는 아이들이 생겨나고 그들은 또다시 말이 없어진다. 가이드 지미가 선두 그룹과 함께 앞서가고 내가 뒤편에 남아 아이들과 함께 걷는다. 얼마나 더 걸었을까. 시계를 보는데 한두 걸음 뒤처져 걷던 유진이가 갑자기 울음을 터트린다.

"엉엉. 삼촌~! 저, 엄살 부리는 거 아니에요. 엉엉. 유진이는 지금 진짜로, 대빵, 열심히 걷고 있는 거라고요. 엉엉."

힘이 들어서인지, 다른 친구들보다 더 힘들어하는 자신이 못마땅한지, 그런 자신이 타인으로부터 이해받지 못하는 것 같아 서러운지, 나로선 그 마음을 다 헤아릴 순 없을 것 같다. 다만 분명한 것은 그의 울음 옆에 서 있어주는 것이 어쩌면 내가 할 수 있는 유일한 역할이라는 사실이다. 유진의 울음이 잦아들 때쯤이었다. 막내 우현이가 지팡이를 벗 삼아 멀리서 혼자 걸어오고 있다. 그의 걸음이 내 시야에서 흔들린다. 나도 꽤 힘든 모양이구나, 생각하는 순간. 우현의 발걸음이 비틀, 갈지자를 그린다. 다가서서 보니 눈빛에 초점도 흐려지고 있다. 다급히 우

히말라야, 그 아름다운 시간을 함께했던 친구들.

현을 불러 세워 바위벽 아래 조그만 그늘에 눕혔다. 허리띠와 윗옷 단추들을 풀어헤치고 천천히 숨을 들이쉬고 내쉬게 하며 안정을 취하도록 했다. 그는 잠시 후 화색이 돌아오고 나서도 힘드냐고 물어보는 내 말에 "네…"라는 짧고 힘없는 대답 외에는 더 이상 말이 없다. 그만큼 힘들다는 뜻이리라.

길을 걸어가는데 풀은 저 절벽 아래에 있고 물은 바닥난 지 오래고 태양은 이글거리는데 사막이 이런 것이구나, 느꼈다.

— 유진

형 누나들이 평지라서 그나마 어제보다 쉬울 거라고 했다. 그러나 어제보다 더 힘들었다. 가도 가도 비슷비슷한 길만 계속 나왔다. 아, 진짜 너무 숨이 턱턱 막혀서 눈물이 나왔다. 힘들어서 울었던 적은 이번이 처음이다. 언제쯤 이 길고 긴 길이 끝날까.

— 우현

그사이 진실, 아라, 수경이 지나갔다. 그들 역시 자신과의 사투를 벌이고 있는 얼굴들이다. 두 명의 거북이. 우현과 유진을 데리고 가는 나도 힘이 부칠 즈음 오늘 밤 캠핑 예정 마을인 힌주(Hinju)에 도착했다. 꼬마 넷이 어항 속 금붕어처럼 입을 모으고 달려왔다. 세계 어느 마을이든 제일 먼저 낯선 냄새를 감지하고 이방인을 맞아주는 이들은 언제나 아이들이다.

"하우아유? 왓쥬어네임?"

소남, 돌마, 앙모, 남겔. 알고 있는 두 마디 영어를 한꺼번에 쏟아내곤 머루 같은 눈만 깜박이고 섰던 그 꼬마들의 이름이다. 얼마 전 페이 마을에서 만나 함께 식사하고 웃고 놀다 이틀 전 눈물을 훔치며 돌아섰던 이름들이기도 하다. 라다크 사람들의 이름은 다 거기서 거기인 모양이다 생각하며, 동네 꼬마들을 앞세우고 마을 끝자락에 있던 캠핑장에 도착했다. 오늘 하루의 트레킹이 끝나는 순간이었다.

그런데 어쩐 일인지 캠핑장에는 텐트가 없다. 조금 전 앞질러갔던 진실, 아라, 수경, 정호만이 힘없이 앉아 있었다. 그들 말로는 마을 끝까지 가보았지만 다른 캠핑장은 없다고 했다. 나는 지친 몸으로 마을 초입까지 다시 내려갔다 올라왔다. 캠핑장을 그냥 지나쳤을 수도 있어서다. 그러나 어디에도 다른 캠핑장은 없었다. 할 수 없이 마을을 지나 계속 걷기로 한다. 하필 이럴 때에 갈림길이 나오는 것은 꼭 영화나 소설에서 본 장면 같았다. 한쪽 길을 선택하여 걷다가 길을 찾지 못해 두 길 사이를 왔다

갔다 헤매는 동안 한 시간이 훌쩍 지나갔다. 우리의 체력은 방전되어 갔고, 해마저 설산 너머로 귀가하려는 중이다. 그때 주황색 승복을 입은 스님 한 분이 산에서 내려오시며 당나귀 10여 마리와 한국 사람들이 저 산 너머에서 캠핑을 하더라고 일러주신다. 스님이 아니었더라면, 그날 밤 우리의 운명은 어떻게 되었을까…. 모두가 마지막 힘을 짜내며 열 시간 만에 도착한 캠핑장은 정말이지 화가 날 만큼 아름다웠다. 내가 상상했던 히말라야 캠핑 풍경이 거기 다 있었다. 빙하를 머리에 인 설산과 그 아래 초원과 강물, 그리고 강물을 건너는 야크 떼와 당나귀들. 그 풍경 속에 놓인 원색 텐트들…. 먼저 도착한 아이들이 계곡물에 씻고 빨래를 하며 평화로운 휴식을 취하고 있었다.

첫날 트레킹은 산의 악착같은 맛을 느꼈는데 둘째 날 트레킹은 사막 같은 맛을 느낀 것 같다. 다른 힘든 고생도 느껴봤지만 이번만큼은 정말 힘들었다. 생자갈땅에 강렬한 햇빛이 계속 비춰서 정말 미칠 것만 같았다. 길이 끝도 없는 공포라고 할까? 생각조차 하기 싫은 오늘이었지만 꿋꿋이 참고 견뎌낸 내가 대견스럽다.

— 철민

아직 트레킹 2일째밖에 안 되었다는 것이 이상하다. 무릎이 욱신거리고 힘들다. 그래도 재밌다. 히말라야는 어디든지 진짜 멋있는 것 같다. 모래 산 사이사이에 나 있는 풀들. 졸졸졸 때로는 콸콸콸 흐르는 강. 카메라로는 다 담아내지 못하는 경치. ㅜㅜㅜ 이뻐이뻐. 그리고 정말 좋다. 지금처럼 이렇게 보랏빛 텐트 아래에서 이모랑 삼촌이랑 에인 오빠랑 다혜랑 아라 언니랑 노래를 같이 들으면서 일기 쓰고 있는 거.

— 민아

트레킹 중에 인상 깊은 아저씨를 만났다. 오스트리아 사람인데 혼자서 무려 8개월 동안 히말라야 트레킹 중이라고 하셨다. 세상에⋯. 혼자서 그 짐을 다 들고, 와, 진짜 대단하다 싶었다. 별똥별아, 떨어져라. 언니 소원 좀 빌게.

— 아라

그날 저녁 우리는 중요한 판단을 내려야 했다. 지미가 여기 힌주가 '돌아갈 수 있는 마지막 기회'라고 알려주었기 때문이다. 두 시간을 내려가면 지프 택시가 들어올 수 있는 길이 나온다 했다. 내일이면 4,900미터 꼰제-라(Konze-La) 고개를 넘을 것이고, 따라서 고산 증세는 더 심해질 테지만 이제 돌아갈 수 있는 방법은 없다는 뜻이다. 고산증으로 힘들어하던 아이들에게 주어진 상황을 설명하고 스스로의 판단을 물었다. 유진과 우현은 돌아가겠다고 했다. 발목을 다친 수경은 판단의 여지가 없었다. 아라는 끝까지 걷겠다고 했다. 진실과 솔지도 계속 가겠다고 했지만, 두 사람은 고산 증세가 다소 심각한 상황이어서 다음 날 아침 상황을 지켜보기로 했다.

그날 저녁, 쏜살같이 달려온 어둠 속으로 세 사람이 차례대로 찾아왔다. 먼저 솔지였다.

"너무 가고 싶어요. 그런데… 걸을 때 여기 심장이 너무 아파요. 저, 어떡하죠? 삼촌… 저 어떡해요?"

솔지의 마지막 말들은 거의 울음이다. 솔지가 돌아가고 다음으로 찾아온 이는 뜻밖에도 잘 걷는 예인이었다. 진실과는 제주교대 같은 과에 다니면서도 두 살이 더 많아 진실을 많이 걱정하는 친구다.

"삼촌… 진실이, 돌려보내야 해요. 더 이상은 위험해요."

예인이는 진실이가 틀림없이 고집을 피울 거라고 걱정했다. 혹시나 진실이로 인해 트레킹이 영향을 받을 것도 염려했다. 그리고 마지막으로 찾아온 이는 진실이었다.

"저 여기서 포기하면 평생 후회할 것 같아요. 삼촌, 저 할 수 있겠죠? 네? 삼촌, 저 포기하지 마세요."

포기하면, 이 모든 고통이 한순간에 모두 사라질 것인데, 왜 이 아이는, 그리고 나는, 또 우리는, 그러지 못하는 것일까. 그냥 포기하면 될 것을. 안녕, 손 한번 흔들어주고 그냥 돌아서면 될 것을. 그리하여 이번 여행은 여기까지라고 지친 내 몸과 마음을 위로해주어도 좋았을 것을. 그까짓 게 뭐라고….

그날 저녁 지미는 레로 전화하기 위해 마을로 내려갔다. 그리고 나는 칠흑 같은 어둠 속에서도 잠이 들지 못했다. 내일이면 여행사 대표인 겟쵸가 지프 택시 한 대를 보내올 것이고, 우리의 일부는 그 택시와 함께 이틀 동안 걸어온 길을 되짚어 돌아갈 것이다. 그리고 또 다른 우리는 여전히 길 위에 남을 것이다.

우리의 트레킹은 앞으로 어떻게 될까?

별똥별도 찾아와주지 않는 무심한 밤은 깊어만 갔다. 돌아보면 눈물이 날것 같은 시간들이 그렇게 깊고 묵직한 발걸음으로 잠들지 못하는 우리 사이를 지나가고 있었다.

—
한 걸음 한 걸음, 당나귀의 수고로움.

극한의 하루를 살아내는 힘

●

히말라야의 아침은 사랑스럽다. 땅과 하늘이 푸른 명암을 얻고, 밤새 숨죽이던 산들과 냇물은 세상 처음인 것처럼 속살의 소리를 지상에 던져놓는다. 하지만 우리의 그날 아침은 사랑스러울 수만은 없었다. 누군가는 떠나야 했고 누군가는 남아야 했던 아침. 우리는 하나의 이별 앞에 서 있었던 것이다. 네 명의 아이들이 레로 복귀하기로 결정했다. 우선 우리 팀의 대표 거북이 유진과 우현. 그들은 트레킹을 포기한다는 아쉬움보다는 그 힘든 고통이 끝났다는 기쁨이 커 보였다. 다행이라면 다행이다. 반면 수경과 솔지는 그들 앞에 놓인 하얀 오르막길과 설산 봉우리를 올려다보며 눈물을 찔끔거렸다. 무엇이, 그들로부터 눈물을 밀어내게 하는 걸까.

그렇게 헤어짐을 앞두고, 마지막이 될 우리의 히말라야 단체 사진을 찍었다. 그리고 안녕. 짧은 인사와 함께 네 명은 뒤를 돌아 레를 향해, 나머지 열두 명은 설산을 향해 걷기 시작했다. 한 걸음. 한 걸음. 아침이지만 발걸음이 무겁다. 힘겨운 결정이었다. 더 오르고 싶어 하는 아이들을 돌려보내는 일은 내 적성이 아니다. 하지만 누군가는 결정을 내려야 했고, 그 결정은 리더인 나의 것이어야 한다. 그래야만 아이들도 스스로를 납득시키기 쉬울 터였다. 그럼에도 지난밤 아이들이 던져둔 언어들이 머릿속을 헤집다가 발걸음 앞에 툭툭 굴러 떨어져 차이는 것은 또 어쩔 수가 없는 일이다.

반대로 아라와 진실을 끝까지 동행하기로 한 것 역시 쉬운 결정은 아니었다. 특히 진실의 상태는 다소 심각해질 수도 있는 상황이다. 하지만 본인의 의지가 너무나 간절했기에 나와 가이드 지미의 고민이 깊었다. 말하자면 그날 우리는 경계에 선 사람들이었던 셈이다. 세상살이의 많은 일들이 그렇듯이 안전함과 모험의 경계는 사실 뚜렷하지 않다. 어디까지가 용기이고 어디서부터가 무모함인가? 많은 경우, 오직 결과가 그 답을 대신하기도 한다. 결과에 따라서는 신중함의 대가로 용기 없는 자로 인식되고, 용감한 도전이 무모함이 되어 사회적 지탄을 받을 수도 있다. 나의 경우, 여러 삶의 자리에서 대체로 모험과 도전의

—
위태롭거나, 혹은 설명하기 어려운 아름다운 길.

길을 선호했던 것 같다. 하지만 내가 책임져야 할 아이들에 대한 판단은 전혀 다른 차원의 문제다. 사실 여기까지 온 것만으로도 기적이다.

잠시, 걸음을 멈추고 뒤돌아본다. 시야에서 레로 복귀하는 아이들이 완전히 사라졌다. 다 함께 트레킹을 마무리할 수 있었다면 좋았겠지만…, 부디, 돌아가는 길, 그들만의 시간 속에서 또 다른 의미가 함께하기를.

아침에 일어났는데 숨이 너무 찼다. 가만히 있어도 진정되지 않았다. 약을 먹고 아침을 먹으려는데 온몸이 다 저린 것이다. 어제저녁부터 계속 토할 것 같은 증상도 계속되었다. 레로 가야 하나 계속 트레킹을 해야 하나 고민을 했다. 삼촌께서 아쉽지만 레로 가는 것이 낫겠다고 하셨다. 택시를 타고 레로 돌아가는 길은 정말 끝도 없었다. 레에 도착하니 여행사 아저씨께서 나와 계셨다. 우리를 껠라쉬 게스트하우스에 데려다주셨다. 오랜만에 깨끗하게 샤워를 하고 머리를 감았다. 얼마나 개운한지 행복했다.

— 솔지

수경 언니랑 솔지 언니랑 우현이랑 넷이서 빨래를 했다. 트레킹할 때 질대 갈아입지 않은 옷을 빨래통에 넣고 세제 넣고 밟았는데 처음 두 번은 땟물이 하도 심해 흙탕물보다 더 더러웠다. 우현이는 옆에서 물 빠져나가야 된다고 수로를 만들고 – 개인적으로 우현이는 건축 쪽으로 나가면 성공할 듯 – 수경 언니랑 술지 언니는 물 사러 나갔는데 빨래하면서 얼마나 웃기던지 게스트하우스 주인아주머니께서 우릴 구경할 정도였다. 「강남스타일」을 틀어놓고 춤추면서 빨래를 밟았는데 한 시간이 넘게 걸렸다. 오늘로 인해 우현이를 나의 댄스 후계자로 삼았다. 그리고 엄마한테 전화했다. 엄마가 엄청 반가워하면서 "오 유진아, 히말라야 꼭대기까지 올라갔어?"라고 해맑게 물어보시는데 차마 트레킹을 포기했다고 얘기 못 했다. 엄마 미안. 너무 힘들었어요. 엄마 딸은 서유진이지 엄홍길이 아니잖아. 미안해요.

— 유진

고도가 많이 높아졌다. 그럼에도 산은 더 푸르러지고 있었다. 빙하가 녹은 물이 흘러 내려 냇물을 이루었고, 그로 인해 풀과 작은 나무들이 생명을 얻는 모양이었다. 네 명의 거북이를 돌려세우고 나니 대열의 속도가 빨라졌다. 끝이 보이지 않는 오르막길이 가파르게 이어지면서, 어김없이 '고통'과 '희열'의 대

조적 감정이 반복적으로 찾아든다. 길을 오르는 발걸음 수만큼 산소의 양이 부족해짐을 느끼고, 그리하여 또 그 양만큼의 고통이 더해지지만, 그렇게 오른 자리에서 돌아보는 풍경은 여행자의 말문을 완벽하게 막아버린다. 그 명확한 아름다움 앞에서 가슴 한편이 뻐근해진다. 고통과 희열이 반복되는 동안 선두와 후미의 간격은 점점 더 벌어진다. 그 누구도 스스로의 페이스에 발걸음을 맞추지 않고서는 도저히 이 극한의 고개를 넘을 수 없을 것만 같다.

얼마나 걸었을까. 신기루처럼 멀게만 보이던 설산 머리가 코앞으로 다가서면서 산비탈의 기울기는 45도를 넘어 날카롭게 곧추섰다. 따라서 길은 뱀처럼 구불구불 돌며 천천히 고도를 높이며 나아갔다. 그때쯤이었을 것이다. 선두 4인방 다람쥐들(예인, 남수, 정민, 민아)이 45도가 넘는 산비탈을 직선으로 타고 기어오르고 있었다. 그 길은 사람을 위한 길이 아니라, 당나귀가 만들어놓은 길이다. (그로부터 3일 후. 우리가 트레킹을 마치고 레로 돌아갔을 때에 여러 국적의 여행자들 사이에서 전설처럼 떠도는 소문 하나가 있었으니, 요약하자면, 한국에서 온 어린 청소년들이 당나귀길(Donkey Road)을 타고 꼰제-라 정상에 오르고도 멀쩡했다더라 하는 이야기였다.)

반면 후미에서는 진실과 아라가 고산증이 점점 더 심해짐에 따라 주저앉고 걷기를 반복하면서 지미와 함께 까마득한 점이 되어갔다. 또 얼마의 시간이 흘렀을까. 나 역시 고통이 최고조에 달했을 즈음, 오직 거칠고 반복적인 내 숨소리만 위안이 되던 순간에, 마침내 해발 4,900미터 꼰제-라에 마지막 발걸음을 올려놓았다. 강하고 거침없는 바람이 얼굴로 불어왔고, 룽가 깃발*이 춤을 추었다. 푸른 빙하가 반사시킨 햇빛이 작심하고 내 눈을 멀게 하려는 듯 달려들었으며, 발아래 작은 돌무덤에서는 야크들의 머리뼈가 통째로 굴러다녔다. 낯설었다. 그리고 황홀했다. 팔을 벌리고 오페라의 배우라도 된 양 360도를 빙글빙글 돌아본다. 오늘 하루 내가 걸어온 길들이 까마득하게 나를 따라 달려오고 있었다. 그 길들이 마치 나의 인생에서 내가 지금껏 걸어온 삶의 궤적들인 것처럼 느껴져 어쩐지 가슴이 뜨거워졌다. 가쁜 호흡이 목젖까지 차오르고 천근만근이던 발걸음을 하나씩 옮겨서 하늘 아래 이곳까지 올랐듯이, 내 삶도 그렇다면. 혹은 그럴 수 있다면. 이런 감상들에 빠져보아도 부끄럽지 않을 시간이었다. 그 시간을 벗겨내고 맞은편 길에서 당나귀 떼와 몰이꾼들이 올라왔다. 등에 진 짐이 가벼운 걸로 보아 긴 여행을

---

* 티베트 불교의 경전이 적힌 깃발.

마치고 집으로 돌아가는 이들이다. 룽가를 향해 두 손을 모으고는 우리가 올라왔던 그 길로 내려선다. 일러두자면, '꼰제-라'에서의 '라(La)'는 고개라는 뜻이다. 문득, '라'의 의미가 그 옛날 순례자들과 상인들이 당나귀를 벗 삼아 넘어섰던 삶의 고통과 희열의 시간과 다름없음을 알게 된다. 바람이 찼다. 우리는 패딩 잠바를 꺼내 입었다. 고산에서는 여름과 겨울이 공존하는 법이다. 아이들은 사진을 찍었고, 그것만으로는 충분하지 않았는지 새처럼 날개를 펼쳐 하늘을 날아오르려고 했다. 그들은 스스로가 이루어놓은 결과를 즐기고 있었던 셈이다. 난 그들을 사진에 담았다. 사진 속 그들은 스스로를 자랑스러워했고, 내 사진은 그들에게 충분히 그럴 자격이 있다고 말하고 있었다.

오늘은 가장 높은 패스(pass)를 넘는 날이다. 생각했던 대로 정말 힘들었다. 오르막길, 오르막길, 또 오르막길. ㅠㅠ 정말 힘든 길이었다. 하지만 꼭대기에 오르는 순간 힘든 것도 다 사라졌다. 내가 지금까지 본 경치 가운데 가장 멋진 경치였다. 사진 찍어서 나중에 학교에 제출해야겠다.

— 징호

30분쯤 후에 진실과 아라가 지미와 함께 우리 중에서는 마지막으로 꼰제-리에 올라섰다. 둘은 아무 말도 못 하고 자리에 주저앉았다. 그러고는 울었다. 펑펑. 그들은 눈물이 범벅인 채로 휴대용 산소통으로 입을 막고 산소를 들이마셨다. 한참 동안 산소를 보충한 뒤, 그들이 세상에 내어놓은 첫 말이 뜻밖에도 우리를 박장대소하게 만들었다.

"삼촌, 임용고시요… 한~방이면 합격할 것 같아요."

"뭐? 임용? 한방?"

다 함께 웃음을 더트렸다. 하지만 그들은 아랑곳않고 이야기를 계속했다. 길에서 몇 번이고 죽고 싶었다고 했다. 그리고 무서웠다고 했다. 그래서란다. 이젠 무엇이든 할 수 있을 것 같다고. (해발 4,900미터 고개에서 산소의 흡입 끝에 뱉어낸 그날의 다짐처럼 글을 쓰고 있는 현재를 기준으로, 그들은 한 방에 임용고시에 합격하여 제주도와 전라남도의 어느 초등학교에서 교사로 살아가고 있다.)

숨이 부족해서 깊게 숨 쉬면 이상한 느낌이 들었다. 마지막 숨을 쉬고 있는 것 같은 느낌이었고, 그 순간 너무 무서웠다. 무서움에 눈물이 났고, 울면 호흡이 더 힘들어졌다. 결국 뒤쳐졌고 가이드와 헬퍼가 함께 산행했다. 같이 있어도 혼자 힘든 기분이랄까. 혼자만의 외로운 산행 같았고 갑자기 서글픔에 하염없이 눈물이 났다. 높고 험한 돌길을 오르

면서 또 그 마지막 숨을 쉬는 느낌을 받았다. 서러움과 힘
듦이 다 몰려와 소리 내어 울어버렸다. 내 옆에 함께 가는
사람이 없다는 서글픔. 나만 이렇게 숨쉬기가 힘들어 고통
스러워하는 모습. 풍경조차 제대로 보지 못하고 헬퍼에게
내 짐을 맡겨야 하는 상황들. 그 모든 상황이 다 힘들었다.
그때 가이드가 내 맘을 알았는지 두려워하지 말라며 우리
가 너와 함께할 거라고 말해주었다. 그 한마디가 얼마나 고
마웠는지. 그 후로 가이드를 의지하며 다시 힘을 내어 걸을
수 있었다. 그때야 풍경이 눈에 들어오기 시작했고, 눈 덮인
산과 여러 산맥들이 이어진 절벽들을 재빨리 눈에 담기 시
작했다. 하지만 올라갈수록 고산 증세가 심해지고 속은 울
렁거리고 머리도 아파왔다. 길은 가도 가도 끝이 없고 이 길
이 언제 끝날까만 생각했다.
마침내 정상을 찍었을 때의 기쁨. 해냈다는 기쁨. 끝이 날것
같지 않던 길이 끝났다는 기쁨. 내 호흡으로 올라왔다는 성
취의 기쁨. 너무 행복했다. 아라와 나는 '우리가 어떻게 올
라왔을까' 이야기하며 산소를 마셨다. 정상에서의 기쁨을
만끽했다. 4,900미터 높이에서 본 히말라야의 장관은 너무
나도 멋졌고 내려다보는 그 자체가 황홀했다. 내 생애 최고
의 극한 체험이지 않을까. 이 정상에 올라서는 순간 어떤

—
숨 막히게 아름다운 숨다 캠핑장.

—
극한의 고통 안에서 내 숨소리만이 위로가 되고.

—
꼰제-라 정상에서 야크의 여행, 그 흔적과 함께.

것도 다 해낼 수 있을 것 같았다.

— 진실

오늘 4,900미터를 올랐다. 무려 1,200미터? 1,300미터? 올
랐다. 지금 생각해도 말이 안 된다. 어떻게 올랐는지 기억
도 나지 않는다. 그냥 걷고, 또 걷고, 그러다 주저앉고, 다시
일어서고. 이걸 수십 번 반복. 처음으로 산소를 마셨다. 가
이드의 도움이 구세주처럼 느껴졌다. 막바지에는 정말 죽
을 것 같았다. 토할 것 같았다. 너무 힘들어 눈물이 났다. 그
때 상황에서는 아무 생각도 느낌도 없었다. 그냥 가고 싶
다…라는 것뿐. 정상에 올랐을 땐, 아… 그때 기분은… 말
로 할 수가 없다. 내년이면 임용이지만 걱정되지 않는다. 그
냥 다… 할 수 있을 것 같다.

— 아라

여행은 우리가 잘 알고 있듯 타인과 타인의 문화를 만나는
일이다. 하지만, 여행은 때론 나를 만나는 일이다. 지금껏 세상
에 꺼내놓지 못했던 내 안의 욕망과 만나는 일이다. 내 안에 존
재해왔지만 한 번도 살아보지 못했던 나의 또 다른 삶을 살아
보는 일이기도 하다. 여행자들이 긴 여행에서 돌아왔을 때 또

하나의 삶을 다 살아낸 것처럼 피로를 느끼게 되는 것은 아마도 그 이유 때문일 것이다.

　그날 나는 '의문' 하나를 풀었다. 한 번의 여행학교를 끝낼 때마다, 아내와 나는 다시는 이 고생을 하지 않을 것이라고 다짐을 하곤 한다. 그런데 몇 개월이 지나는 사이 어느새 마음속에서는 다음 여행학교를 가늠하고 있다. 도대체 여행학교의 그 무엇이 나를 밀어가는 걸까? 그 어떤 힘이. 그러니까 아이들이 심장이 터질 것 같다고, 호흡이 쉬어지지 않는다고, 미칠 것처럼 무섭다고 말하면서도 또다시 그들이 한 걸음을 내딛게 하는 힘. 그냥 멈춰 포기해버려도 그만일 것을 또 한 걸음 더 내딛게 하는 그 힘이 아이들 스스로에게 있다는 것. 지금껏 자신이 알고 있는 것보다 본디 자신이 더 강하고 더 멋지고 더 아름답다는 것. 말하자면 그것 때문이다. 아이들이 그들 안의 자신을 알아가는 이 시간들이 나를 여행학교란 이름으로 길 위에 서게 하는 까닭인 셈이다.

　숨다(Sumda) 캠핑장까지는 가파르게 세 시간을 더 내려가야 했다. 캠핑장은 '천공의 성' 마냥 하늘에 떠 있었다. 아니, 그런 것처럼 보였다. 고고했고, 또 아름다웠다. 먼저 도착한 고교 3학년인 문중은 배낭을 옆에 벗어두고서 넋이 나간 듯 앉아 있

었다. 풍경에 취한 것인지 고산증에 취한 것인지 구별해내기가
어려웠다. 다만 앉은 폼이 여행자의 향기를 또렷이 드러내고 있
었다. 나는 우선 다람쥐 4인방을 찾았다. 그들 가운데 중학교 2
학년 동갑내기인 정민이와 남수는 몸에 탈이 났다. 머리가 깨질
듯이 아프고 어지럽다고 했다. 세상의 이치가 그런 법이다. 객
기를 부리며 젊음을 만끽했다면, 그 대가를 치러야 한다. 반면
민아와 예인은 시종일관 튼튼하다. 이 텐트 저 텐트를 들락거리
며 아직 남은 에너지를 소비하고 있다. 그리고 힘들어 죽을 것
처럼 산소까지 마셨던 아라는 기적처럼 되살아나서 손빨래를
하고 있다. 그렇게, 트레킹을 떠나 가장 힘들었던 하루가 저물
고 있었다. 그리고 그 순간 생애 최고의 극한 상황들이 잰걸음
으로 우리 사이를 지나가고 있었다.

제일 높은 산을 넘고 와서 몸이 무리했는지 머리가 띵하다.
너무 아파서 잠이 온다. 오늘은 낙오자가 네 명이 생겼다.
이제 내가 왜 아픈지 알겠다. 너무 무리하면서 100미터를
쭉 올라왔기 때문이다. 내일 잘할 수 있을지 걱정된다. 무사
히 트레킹을 마칠 수 있으면 좋겠다. 벌써 3일이 지나갔다.
그냥 아프다. 내 친구 정민이도 아프단다. 만수 아저씨가 준
노트, 아빠가 준 가방, 엄마가 준 볼펜, 형이 준 목걸이. 가

족이 준 물건으로 잘 버틸 것이다.

— 남수

가파른 비탈길을 오르면서 스스로에 대한 도전을 해보고
싶었다. 그래서 무리하게 올라간 것도 있었다. 인생도 이와
같지 않을까. 천천히, 꾸준히 뚜벅뚜벅 걷다 보면 기분 좋은
일이 펼쳐지는 것.

— 예인

여행이란
때론 다시 와야 할 이유를 남기는 것

●

어둠 속에서 별빛은 주연이다. 하지만 히말라야에서는 별빛
또한 조연일 뿐, 어둠이 스스로 그 푸르고도 완벽함을 내세워
주연의 자리를 차지하고 있다.

그 어둠을 망토 삼아 여행학교 아이들이 하나둘 식당 텐트
로 모여든다. 그날 밤 우리는 중요한 결정을 앞두고 있었다. 트
레킹 코스 수정. 또 하나의 해발 5천 미터 고개를 넘어가는 것
으로 계획되어 있던 코스를 계곡을 따라 에둘러가는 길로 수정
하자는 제안을, 지미와 의논하여 내놓았다. 진실과 몇몇 아이
들의 상태를 고려한 제안이었다. 당연히 아이들은 많이 아쉬워
했다. 지난 3일 동안 죽을 것처럼 힘든 순간도 있었지만, 그래
도 여기까지 모두가 잘 왔고 그 결과로 이처럼 아름다운 자리

에 서 있기 때문이다. 잠시 생각할 시간을 가졌다. 그리고 한 명씩 자신의 의견을 밝혔다. 찬성 또는 반대, 혹은 의견 유보. 예인, 아라, 민아가 반대했다. 나머지 아이들은 동의했다. 결정이 내려졌다. 반대를 했건 동의를 했건 아이들은 결정과 함께 벼락같이 닥쳐오는 아쉬움의 무게에 눌려 말을 잃는다. 텐트 바닥을 응시하며 눈물을 글썽이고, 누구에게랄 것도 없는 원망스런 눈빛으로 고개를 돌린다. 아이들이 뱉어내는 길고 짧은 한숨들이 식당 텐트를 보랏빛 풍선처럼 뿌옇게 채운다.

길의 속성이 그렇다. 앞으로의 길이 어떠할지 알지 못하면서도, 가고자 했던 길을 돌아서려 할 때는 지금껏 내가 걸어온 길마저도 모두 부정되는 것처럼 아프다. 가지 못할 길을 향한 미련이 가슴을 송곳처럼 파고든다. 인생이 그런 것처럼. 하지만 시간이 흐르고 나면 알게 될 때도 있다. 여행이란 가끔 다시 돌아와야 할 이유를 남기는 일임을. 우리는 이미 충분히 자랑스럽고 아름다운 시간들 위에 서 있다는 것도. 생각해보면, 우리가 함께 하늘 가까운 이곳까지 여행을 떠나온 것도, 고산병을 등에 업고 트레킹을 시작한 것도, 비틀거리면서 사흘째 길 위에 함께 서 있는 것도 어쩌면 다 기적 같은 일이니까.

다음 날 아침 우리 모두는 트레킹을 떠나 처음으로 느지막

투명한 레의 하늘, 그리고 투명한 여행자들.

—
아이들이 증오한, 그리고 사랑한 히말라야의 풍경

이 일어났다. 오늘은 반나절 정도만 걸으면 된다는 지미의 설명이 있었기 때문이다. 덕분에 히말라야의 아침이 여유롭다. 요리사 제왕이 만들어준 짜이를 마시며 설산들이 자신의 그림자를 서서히 거둬들이는 풍경을 바라본다. 그리곤 각자의 방식대로 어슬렁거린다. 나는 문중을 불러 세워 그가 가져온 폴라로이드 즉석 사진기로 히말라야 캠핑 기념사진을 한 장 남긴다. 민아와 아라는 아침부터 부지런 떨며 당나귀를 따라 캠핑장 끝과 끝을 탐방하고 있다. 예인은 지미와 바위에 걸터앉아 도란도란 이야기를 나눈다. 나머지 아이들은 아직 텐트 안에서 밀린 잠을 청하는 모양이라고 생각하는 순간, 남수가 캠핑장 가장 높게 자리한 화장실에서 내려온다.

여기서 잠깐. 이곳 화장실 이야기를 하고 가야겠다. 지극히 주관적이지만, 이곳 캠핑장 화장실이 세계 곳곳을 돌아다니며 지금껏 경험해본 화장실 중에서 단연 으뜸이라 할 수 있다. 이미 언급했지만 이곳 캠핑장은 천공의 성처럼 느껴진다. 전날 해발 5천 미터 고개를 넘어서자 무섭게 곤두박질하던 내리막길이 깊고 날카로운 계곡을 따라 이어지다 도저히 상상할 수도 없는 비스듬한 경사 지역에 캠핑 공간을 만들어낸 것이다. 그런 캠핑장에서도 화장실은 가장 높은 곳에 홀로 자리했다. 화장실의 바람벽은 돌로 쌓여 만들어졌는데 언제부터인지 하나둘 무너져 내렸을 테고 지금은 내가 볼일(!)을 해결하기 위해 쪼그려 앉으면 턱 높이 정도까지 다다른다. 당연히도 열고 들어갈 문도, 하늘을 가려줄 천장도 있을 리가 없다. 다시 말하자면, 볼일을 보기 위해 앉으면 히말라야의 하늘과 산은 물론이고 아래 캠핑장까지 훤히 다 보인다는 뜻이다. 그렇다면 반대 방향은? 마찬가지다. 즉 산소량도 부족한 이곳에서 굳이 힘들여 화장실까지 올라가 노크할 필요가 전혀 없다는 의미다. 화장실에 앉아 볼일을 보는 사람의 머리가 캠핑장에서도 아주 잘 보이므로. 그러니까 내가 말하고자 하는 핵심은 그만큼 화장실 안과 밖의 경계가 순례자가 성(聖)과 속(俗)을 넘나들듯 자유롭고, 그에 따라 그곳 화장실에 앉았으면 히말라야 자연 속에서 똥을 누는 것 같은 해방감이 밀려든다는 점이다. 특히 완전한 어둠이 주연이 되는 밤이면 자유와 해방감은 두 배가 된다. 그 허술한 경계에 쪼그리고 앉았으면 히말라야의 별들과 바람이 내 몸 사이로 맴돌다 검푸른 바닷소리를 낸다.

다시 길을 떠나야 할 시간. 예상과는 달리 길이 편안하지가 않다. 지미의 설명에 따르면 날씨가 따뜻하여 빙하가 녹아내리면서 계곡물이 많이 불었단다. 그리하여 오늘 트레킹도 결국 탐험이 되고 만다. 물이 점점 불어나면서 길이 사라져버렸고, 우

—
빙하 녹은 물에 길이 사라져 계곡을 따라 걷기.

리는 사라져버린 길을 찾아내거나, 빨라진 물살을 견디며 계곡을 건너는 일을 수없이 반복해야 했다. 길 자체도 위태로웠다. 수묵화에서 한 붓으로 휘익 긋기만 한 것 같은 풍경 속 길들이 흘러내릴 듯 아슬아슬하게 나타났다 사라지고, 또다시 이어졌다. 짜릿하면서도 섬뜩했다. 그만큼 아름다웠다는 뜻이다. 내가 오래도록 상상해왔던 라다크의 풍경들이 거기에 있었다.

길이 좁아서 헛디뎌 넘어질까 무서웠다. 특히 잠이 와서 졸면서 걸었을 때는 정말 생명의 위협을 느꼈다. 길을 가다가 오른쪽을 딱 보면 정말 무섭다. 오늘도 남수랑 당나귀 몰이꾼을 따라 먼저 걸었나. 다른 사람들보다 먼저 와서 빨래를 했다. 집에서는 거의 손빨래를 할 기회가 없었는데 여기 와서 빨래가 점점 느는 것 같다. ^-^ 개울물을 한 열 번 정도는 건넌 것 같다. 사람들이 거의 가지 않는 길이라서 길을 따라 걷는다는 말보다 우리가 직접 길을 만들어 걷는다는 말이 더 맞을 것 같다.

— 민아

허말라야의 풍경은 그냥 대충 찍어도 그림이다. 이 멋진 풍경에 사진기를 놓고 왔다니 너무 후회된다. 오전에 또 라다크인들이 나보고 라다크 말로 이야기했다. 내가 라다크인처럼 생겼나 보다. 오늘도 어김없이 선두에서 당나귀 똥을 보며 걸어간다. 이제 하늘에서 제일 가까운 이곳에서 지낼 날이 하루밖에 안 남았다. 다시 오고 싶지만 힘들어서 올 수 없는 곳. 올 수 있으면 다시 오고 싶다. 친구들이랑 부모님이랑.

— 남수

히말라야에서의 마지막 밤을 보낼 캠핑장에 도착하기까지는 네 시간이 더 필요했다. 캠핑장 옆으로는 우윳빛 계곡물이 빠르게 흘러가고 반대편으로는 둥둥첸-라(Dungdungchen-La)를 오르는 가파른 오르막길이 시작되고 있었다. 아이들은 도착하자마자 또 그 차가운 빙하 녹은 물에 뛰어들어 이른바 빨래 놀이를 하며 즐긴다. 그러더니 저녁 시간도 되기 전에 다혜는 열이 나서 아프다고 누웠다. 아이들의 세계에서는 언제나 '미래에 대한 준비'가 '지금 이 순간의 행복'에게 앞자리를 내어준다. 부럽다. 지금 이 순간을 즐기는 것은 그들 몫이고 열이 나고 아픈 녀석을 걱정하는 일은 나의 몫인 것은 어쩌면 이번 여행 우리의 운명인 듯.

그날 저녁 요리사 제왕은 뜻밖에도 케이크를 만들어왔다.

—
히말라야의 작은 마을에서 여행자를 가장 먼저 반겨주는
이는 언제나 아이들.

하얀 크림 위에 'See You Again!'이라고 또렷이 적혀 있다.

"오늘이 마지막 밤이라 굿바이 케이크를 만들어봤어요."

순간 아이들의 눈동자가 흔들린다. 이별을 준비해준 제왕의 마음도 그렇지만, 케이크 위 'See You Again!'이라는 기약 없는 글자들 때문이다. 이 라다크 친구들을 다시 만날 수 있을까? 과연 우리 중 누구라도 라다크로 돌아와 히말라야의 하늘과 길과 산과 계곡을 다시 걸을 수 있을까? 대답 대신 케이크 위의 이별 글자들이 바람에 일렁이는 촛불을 따라 흔들렸다.

우리는 텐트 밖으로 나가 모닥불을 피웠다. 나뭇가지를 줍고 당나귀나 야크 똥을 주워 모았다. 잘 마른 똥에는 구린 냄새가 나지 않는다는 것과 화력이 아주 그만이라는 것에 아이들이 신기해하는 동안, 당나귀 몰이꾼들이 오랜 그들만의 방식으로 모닥불을 순식간에 피워 올렸다. 우리는 노래를 불렀다. 그리고 춤을 추었다. 모닥불 주위로 둥글게 원을 그리고, 남수가 단소를 연주했다. 그사이에 지미의 모자를 옆 사람에게 돌리다가 단소 소리가 멈출 때 모자를 가진 사람이 모닥불 앞으로 나와 노래를 부르거나 춤을 추었다. 아라의 「진도아리랑」이, 문중의 「남행열차」가 붉게 타오르는 모닥불을 더욱 일렁이게 했다. 정호의 「나에게 넌, 너에게 난」이, 다혜의 「죽겠네」가, 철민의 「곰 세 마리」가, 아내의 「남자는 배 여자는 항구」가, 그리고 진실의 소고춤과 제왕과 둔둑의 라다크 전통 노래가 히말라야 밤하늘로 스며들었다. 별똥별이 꼬리를 길게 끌며 앞산 너머로 떨어졌다.

이제 트레킹 이야기를 마무리할 때가 되었다. 아이들은 하룻밤만 더 지내면 레로 돌아간다는 사실이 한편으로는 아쉽고 또 한편으로는 좋은 모양이었다. 히말라야에서의 낯설고 힘들고 아름다웠던 시간들을 또 언제 누릴 수 있을까 싶어 아쉽고, 돈만 있다면 많은 것들을 선택할 수 있는 문명의 편리함이 눈앞에서 아른거려 설레는 것이리라. 늘 더 많이 '가지는' 것에 익숙했던 아이들. 있는 것보다 없는 것이 더 많은 이곳에서의 짧은 날들이 그들에게 어떤 추억이 될까. 배낭 속이든 마음속이든 채우기보다는 비워야만 길을 걷기에도 살아가기에도 더 쉬운 이곳 히말라야에서의 순간의 삶들이 아이들의 인생에서 어떤 자리에 놓이게 될지는, 더 많은 시간이 흐른 어느 날 문득 그들만이 알게 될 것이다. 모닥불이 다 사그라졌다. 아이들은 텐트로 돌아가서도 쉬 잠들지 못하는 듯했다. 늦은 밤까지 아이들의 소곤거림이 계곡물 소리를 등에 타고 어둠을 건너고 있었다.

다섯째 날 아침. 텐트를 걷어내고 그동안 함께 걸었던 모든 식구들이 모여 기념사진을 찍었다. 결코 쉽지 않을 마지막 날

코스가 남아 있었지만, 그날 아침 그 자리에서 기념사진을 남겨
두고 싶었다. 그러고도 아이들은 잠깐의 틈을 이용해 당나귀를
타고 논다. 당나귀와도 작별할 때가 되어간다.

당나귀를 몰 때에는 '쉬~!' 하고 강하게 발음하면 먹던 것
을 멈추고 움직인다.

— 에인

그날 하루는 당나귀에게도 우리에게도 예상치 못한 힘겨움
을 안겨준 날이었다. 잔스카르강 상류는 하룻밤 사이에 물이 더
불어나 있었고, 그리하여 길의 많은 부분들이 물속에 잠겨 사라
지고 없었다. 길을 만들고 계곡을 건너기 위해 라다크 친구들이
너무나 분투했다. 쓰러진 나무를 구해 다리를 만들면서 나아가
야 했다. 결국 다혜가 사진기와 함께 얼음같이 차가운 물에 빠
지고 말았다. 당나귀들은 지고 가는 짐들이 물에 잠기면서 그
무게로 힘겨워했다. 예상한 시간의 곱절이 걸려 천신만고 끝에
계곡을 벗어났지만, 이제 지루한 흙길이 이어졌다. 곧 도착한다
는 지미의 착한 거짓말도 더 이상 힘이 되지 못했다.
　　아라가 갈비뼈 아래의 통증을 호소하고 대부분 아이들이 기
진맥진한 상태에 이르렀을 즈음 우리는 트레킹의 마지막 마을

칠링(Chilling)에 도착했다. 끝났다. 드디어 우리의 4박 5일 트레킹이 모두 끝난 것이다.

오늘은 트레킹을 마무리하는 날이다. 세 시간 정도만 걸으면 차가 와 있다고 했다. 그런데 생각보다 수월한 길이 아니었다. 강을 여러 번 건너야 하는데 다리가 없어서 신발을 벗고 건너야 했다. (비포장) 차도가 보이자 사람들은 소리 지르고 이제 끝났다며 기뻐했다. 가이드도 조금만 가면 도착이라고 했다. 하지만 한 시간 반 동안 차는 보이지 않았다.

— 정호

하지만 이야기는 아직 조금 더 남아 있다. 당나귀와 몰이꾼들이 왔던 길을 되돌아가고, 나머지 트레킹 식구들과 함께 지프와 승합차에 나눠 타고 레로 돌아왔을 때, 아이들은 마치 고향 집에라도 돌아온 것처럼 흥분했다.

"으아~ 깔끔한 침대!"

"우와~ 진짜! 수돗물도 콸콸 나와!"

평소 집이라면 아무렇지도 않게 당연하게 사용해왔을 것들로 인해 아이들은 진심으로 감동했다. 그들의 환호에는 편리함만이 아니라 사소한 것들에 대한 고마움의 마음이 함께 묻어

—
시간이 지나고 그리움이 될 히말라야의 산과 길, 그리고 친구들.

있다. 그래서 고맙다. 그때 남수가 고개를 갸우뚱거린다.

"삼촌, 레 궁전이 저렇게 낮았어요?"

모두 함께 고개를 들어본다. 그랬다. 8일 전에는 레의 하늘을 떠받치고 있는 듯 높아만 보였던 레 궁전이 동네 뒷산처럼 만만해 보였다. 신기한 일이다. 우리는 서로를 쳐다보며 웃었던 것 같다. 아마도 내일 아침이면 저곳에 올라 있을 것이었다. 그리고 그곳에서 우리가 4박 5일 동안 절망하며 또는 희망하며 걸었던 히말라야의 길들과 작별 인사를 나눌 것이다.

삼촌은 가끔 "다음 여행학교 때는 이렇게 해야지~"이런 식으로 말씀하시는데, 나도 또 함께 여행을 오고 싶다. 드디어 레에 도착했다!!! 4박 5일 동안 히말라야 구비구비에서 땟국물 줄줄 흐르던 우리가 나름 도시인 레에 오니 너무너무 기뻤다. 수돗물도 콸콸 나오지, 밥도 내가 골라 먹을 수 있지, 산에 비하면 여긴 천국이다.

— 민아

이날은 헬퍼들이 영웅처럼 보였던 날이다. 도착하기까지 강을 다섯 번은 건넜다. 강이 나오면 어디선가 나무를 가져와 다리를 만들어주고, 손을 잡아주고, 업어주고…. 그 고마움은 무엇에 비할 수가 없다. 헬퍼들을 보며 많이 배웠다. 함께 살아가는 법, 서로를 지켜주는 법, 재밌게 사는 법, 즐기며 지내는 법. 도착하자마자 쓰러져 그들에게 제대로 배웅 인사도 못 했지만 그들에게 느낀 점과 고마운 마음은 오래도록 간직할 것 같다. (…) 숨이 가빠서 산소를 마시며 걸었던 트레킹이었지만, 다시 일상으로 돌아갔을 땐 이 트레킹이 내게 산소가 되지 않을까 생각한다. 남은 반쪽 여행도 일상에 돌아갔을 때 산소가 되길 비라며, 모두들 건강히!

— 아라

오늘 드디어 트레킹이 끝났다. 그 고된 4박 5일의 트레킹이 끝나고 레로 돌아왔다. 4박 5일 동안 내가 찾고 싶은 것을 찾았을까? 어떡하지? 이제 세상에 돌아간다. 슬프다. 희로애락의 감정이 이제는 철저해진다. 다시 가고 싶다. 허말라야여 안녕~. 길에서 8개월 동안 트레킹을 한 대단한 사람을 만났다. 나도 이제 내가 하고 싶은 것을 하고, 보고 싶은 것을 보고 돌아다닐 것이다. 이제 엄마가 보고 싶다. 아빠도 보고 싶다. 미웠던 형도 보고 싶다.

— 남수

길은 사라지지 않아

일상과의 단절로부터 우리는

●

시골 마을 홈스테이와 라마유르 트레킹에서 8일 만에 돌아온 아이들은 레를 대한민국의 어느 한 도시처럼 편안하게 생각했다. 해발 고도 3,520미터의 이 오래된 도시가 우리를 고산병과 낯섦으로 꽤나 괴롭혔다는 사실을 까맣게 잊은 듯했다. 숙소에 침대가 있고 따뜻한 물로 샤워를 할 수 있다는 사실만으로 감사했고, 유사 한국 음식점 아미고에서 먹는 짝퉁 김치찌개와 된장찌개만으로도 그저 열광했다. 기껏해야 구멍가게와 재래시장일 뿐이지만 그들은 문명의 이기(利器)가 되어 행복감을 선사하고 있었다.

그럼에도 이 도시가 무엇보다 아이들을 만족스럽게 하는 것은 와이파이일 것이다. 게스트하우스나 레스토랑이나 카페를

찾아들면 어김없이 와이파이가 있고, 그것은 한국의 어느 도시
와도 바로 소통을 시작할 수 있음을 의미했다. 카카오톡으로 부
모님이나 친구들과 실시간으로 대화하고 인터넷 창을 열어 궁
금했던 한국의 연예계와 스포츠 소식을 흡수한다. 참으로 놀랍
다. 10여 년 전, 여행할 때를 떠올려보자면, 몇 개월에 한두 번
대도시에만 있는 전화방에 들러 부모님께 안부 전화만 겨우 드
리던 기억. 인터넷 카페에서 이마에 참을 인(忍) 자를 새겨가며
몇 개의 메일을 읽고 한두 개의 답장을 쓰고 나면 한 시간이 휙
시나가던 기억. 편리한 세상이다. 하지만 아쉬운 마음 또한 어
쩔 수 없다. 문명의 이기들이, 여행이 우리에게 주는 어떤 단절
감을 뺏어가고 있다는 생각 때문이다. 일상과의 단절로부터 오
는 외롭지만 고고한 이방인의 정서를 가볍게 만들고, 단절이 끝
나는 날 느끼게 될 해방감과 일상에 대한 고마움의 크기를 줄
이는 것은 아닐까.

점심 먹으러 와이파이가 터지는 식당을 찾아갔다. 이때 유
진이만 스마트폰이 아니었기 때문에 우현, 솔지, 나만 휴대
전화에 집중했다. 유진이는 속으로 소외감을 많이 느꼈을
것이다. 순간의 내 감정에 충실했지만 점차 미안해졌다.

— 수경

숙소에 가서 따뜻한 물로 샤워하는데 행복해서 미칠 것 같
았다.

— 유진

'아미고'라는 한국 식당에 갔다. 반찬으로 김치랑 계란말이랑
가지 볶음과 땅콩 튀김이 나왔는데, 너무너무 맛있었다. 특
히 얼큰한 된장찌개는 진짜 한국의 맛을 느끼기에 충분했다.
한국에서 1,100원짜리 흔하디흔한 라면 하나도 여기서는 얼
마나 맛있는지… 진짜 국물까지 후루룩 다 먹었다. 돌아오
는 길에 엽서 네 장을 사고, 망고도 샀다. 시식(?)으로 자두
도 두세 개 먹어보고 70루피를 주고 망고 1킬로그램을 샀다.

— 민아

아침에 늦게 일어나서 와이파이가 되는 식당으로 가서 아
빠와 통화를 했다. 맛있는 음식도 먹었다. 엄마 아빠께 다
전화를 하니 기분이 좋았다. 그런데 누나와 형들이 여덟 시
간이나 더 일찍 온다 해서 허겁지겁 정리하고 방을 옮겼다.
오랜만에 형, 누나들을 보니 너무 반가웠다. 그리고 다시 아
미고에 갔다. 이번엔 다 같이 먹었다. 또 라면을 먹었더니 역
시나 또 맛있었다.

저녁에는 와이파이가 터지는 식당에 가서 먹었다. 다들 제일 먼저 했던 것은 역시 카톡이었다. 나는 가족과 친구들한테 안부를 물었다. 다들 나의 여행에 대해서 무척 궁금해했다. 메시지로는 내가 느낀 히말라야를 다 전할 수 없을 것 같아 간단하게만 이야기했다. 친구들은 올림픽 메달 소식, 인도보다 기온이 높은 한국 날씨 소식 등을 전해주었다. 그러다 보니 어둑어둑해져서 숙소로 돌아갔다.

— 다해

이제 레에서 아이들의 날갯짓은 자유다. 모둠별로 받은 용돈의 범위 안에서 어디든 갈 수 있고, 무엇이든 할 수 있으며, 어떤 음식이든 사 먹을 수 있다. 물론 원치 않는다면 아무것도 하지 않을 수도, 굶을 수도 있다. 스스로 여행을 계획하고 조직하고 반성하는 과정에서 여행에 대해, 자신에 대해, 혹은 세상에 대해 스스로의 생각과 느낌을 채워갈 수 있기를.

덕분에 아이들로부터의 자유를 얻은 아내와 나는 느지막이 일어나 게스트하우스를 나선다. 모두들 어디론가 나가고 늦잠을 잔 민아와 유진만이 남아 있다. 그들과 함께 초모성(城)과 레 곰파, 왕궁에 올랐다. 트레킹 이전이었다면 힘들었을 언덕이지만, 가뿐하다. 초모성과 레 곰파는 레에서 가장 높은 곳에 위치한 만큼 전망 또한 장쾌했다. 흙으로 빚어진 도시가 히말라야 설산 품에 평화롭게 안겨 있고, 손에 닿을 듯 가까운 하늘에는 오색 타르초*가 파랗게 휘날리고 있었다.

이런 풍경을, 매일 보고 사는 사람들 마음은 어떨까?

사원 바람벽에는 주황색 승복을 입은 젊은 스님이 기대어 섰고, 벼랑 끝 바위 위에는 금발 머리카락을 질끈 묶은 서양 여행자가 가부좌를 틀고 걸터앉았다. 투명하다. 그들의 마음이 파란 하늘처럼 투명하게 내게 와 닿는다. 아내와 민아는 어느새 위태로운 바위 위에 올라서 손을 흔든다. 찰칵. 아마도 아름다운 사진이 되겠지. 여행길에서 풍경을 대하는 그들의 마음 역시 투명하므로.

왕궁에서 내려오는 길에 아라네 모둠 아이들을 만났다. 아침부터 부지런을 떨었으니 왕궁은 벌써 둘러보았고, 이제 시장에 엽서랑 과일이랑 사러 가는 길이란다. 오늘 저녁에는 과일을 먹으며 고국의 부모님과 친구들에게 엽서를 쓰는 그들의 모습을 감상하게 될 모양이다. 다른 모둠 아이들을 보았냐고 서로에

---

* 우주의 5원소인 하늘, 땅, 불, 구름, 바다를 상징하는 파랑, 노랑, 빨강, 하양, 초록 깃발. 불경 구절이 써 있다.

게 물어본다. 설산으로 둘러싸인 이 낮고 작은 하늘 아래 그들은 또 어디를 걷고 있을까. 이 도시 어딘가를 돌아다니며 길을 찾고 길을 잃고, 무언가를 사기 위해 서툰 흥정을 하고, 눈 밝은 여행자들을 만나 그리 중요할 것도 없는 이야기를 길게 나누기도 하겠지. 자신들만의 여행 이야기를 하나둘 쌓아가면서.

> 고궁으로 향하는 길은 끝없는 계단이 이어진 오르막이었는데 그 계단을 오르며 모두가 불평했다. 왕은 분명히 헌 빈도 시내로 내려와보지 않았을 것이다. 그냥 신하에게 대신 둘러보라고 시켰을 것이다 등등. 우현이가 고소공포증 때문에 많이 힘들어하는 것 같아 보였다. 어찌어찌 고궁까지 올라갔으나 출입구를 찾지 못해서 또 헤맸다. 결국에는 예인 오빠네 조를 만나서야 들어갈 수 있었다. 우리 조는 티켓을 사서 들어갔는데 예인 오빠네는 학생이라고 하니 공짜로 들여보내주더라고 했다. 정호 오빠는 이 티켓은 나중에는 돈 주고도 구할 수 없다며 괜찮다고 했다. 하지만 그 말을 하는 눈은 슬퍼 보였다.
>
> — 다혜

여행학교에는 단지 두 가지 규칙만이 있다. 일기 쓰기와 약속 시간 엄수하기. 지키지 않을 경우에는 몇 달러씩의 벌금이

부가되고, 그렇게 모인 돈으로 기부를 할 예정이다. 말하자면 여행을 즐기고 조직하는 것은 자유지만, 여행의 나날을 성찰하는 것은 의무라는 뜻이다. 오늘은 성찰의 또 한 단계로서 '중간 돌아보기'를 하는 날이다. 늘 그렇지만 프로그램은 간소하다. 여행 일정이 절반을 지나는 시점에서 각자 자신의 여행을 성찰하는 글을 쓴 후에 모든 친구들 앞에서 한 명씩 낭독하고, 또한 경청하는 일이다. 아이들은 한 시간이 넘게 방바닥에 일기장을 대고 끙끙대며 글을 쓴다. 친구들 앞에서 자신의 이야기를 읽을 때는 목소리가 수줍게 떨린다. 여행 떠나와 11일 만에 전화통화 했던 날 엄마의 울음소리를 들으며 자신이 얼마나 행복한지를 생각했다는 아이. 트레킹에서 자신과의 싸움에서 이기고 마침내 고개 정상에 선 순간 스스로가 그보다 더 자랑스러울 때가 없었다는 아이. 여행에서 돌아가면 이제 내가 하고 싶은 것을 하고 살아갈 수 있을 자신감이 생겼다고 말하던 아이. 그리고 사고 없이 여기까지 여행해준 아이들에게 고마움을 전했던 아내와 나의 글. 그날 우리의 글은 진솔했고 저마다 길 위에서 보낸 시간의 깊이와 무게는 서로의 가슴에 가닿았다. 글을 쓰는 사이에 자신이 처음 여행을 떠나왔던 이유를 기억해내고, 길 위에서 만난 사람들을 떠올리고, 길과 바람이 가슴에 새겨놓은 이야기를 꺼내보았겠지. 또한 친구들의 이야기를 경청하며 자신

—
레에서의 마지막 날, 해가 가고 달이 오다. 사진 속 건물은 샨티 스투파다.

이 생각지 못했거나 미처 글로 옮기지 못했던 것들을 함께 나누고 느끼고 생각했을 것이다. 그날 밤 우리의 시간은, 함께 여행했지만 각자 다르게 보고 듣고 느꼈을 것들을 모두의 경험으로 만들어주고 있었다. 여행 12일째, 우리는 여행의 굴곡진 계곡을 지나 깊고 푸른 바다를 향해 나아가고 있었다.

고작 10일이 흘렀는데 일기장을 펴 첫날의 내용을 보고는 너무 옛일처럼 느껴졌다. 그만큼 우리에게 많은 일들이 있었나 보다. 나에게 이번 여행은 기쁨과 고통이 극적으로 함께 했다. 제일 기억에 선명하게 남는 것은 4박 5일 트레킹이다. 매일 밤 '아, 여기를 벗어나게 해주세요. 눈을 뜨면 내 방 침대에서 고구마 냄새를 맡으며 일어날 수 있게 해주세요'라고 나를 위로했다. (…) 트레킹을 통해 얻을 수 있었던 인내와 무한 자신감, 끝날 것 같지 않은 일도 언젠가는 끝난다는 희망, 나를 도와준 많은 사람들의 위로와 용기, 고통을 함께 즐길 수 있도록 해준 동료들, 삼촌과 이모. 난 어쩌면 이런 것들을 바랐기에 트레킹을 포기할 수 없었던 것 같다.

— 진실

정호네 방으로 모두 모였다. 아이들이 글을 쓰고 있었다. 아

길은 사라지지 않아

직 정리되지 않은 글도 있었고, 나름 최선을 다한 글도 있었다. 그리고 진심을 다해 쓴 글, 그래서 울컥하게 만든 글도 있었다. 두 줄 혹은 다섯 줄 일기에서 한 쪽 글을 쓴 우리 정민이, 자신의 느낌을 솔직하게 말해준 예인 오빠, 트레킹에서 누구보다 고생한 진실이, 이 여행에 대한 걱정과 아이들에 대한 배려가 느껴졌던 삼촌의 글, 삶의 무게감에 대해 생각하게 해준 이모의 글, 자신의 글을 읽는 자리가 부담스러울 수도 있지만, 새롭게 느끼고 다시 기억할 수 있는 것 같아, 좋다.

— 아라

처음 인도는 어떤 곳이고 라다크는 어떤 곳일까 기대하며 여행이 시작되었다. 비행기를 타면서 진짜 가는구나 실감이 났다. 하루, 이틀, 사흘이 지나면서 점점 재미있어지고 점점 여행 온 재미에 빠져드는 순간 트레킹을 갔다. 트레킹도 나쁘진 않았지만 조금 힘들고 아팠다. 하지만 재미도 있었다. 멋진 풍경과 계곡에서 노는 것과 트레킹하며 수다 떠는 것과 텐트에서 형들과 자는 것 모두 다 즐거웠다. 당나귀와 말들도 우리와 똑같은 길을 잘 간다는 게 신기했다. 트레킹이 끝나서 좋기도 하고 아쉽기도 하다. 좋은 건 또 다른 여행이 시작되는 거고, 아쉬운 것은 원래 가려고 했던 트레킹 코스를 못 가게 된 것이다. 하지만 이미 다 지난 일이다. 이제 고산 지대에 적응되었으니 남은 여행을 재미있게 시작할 것이다.

— 정민

—
레 하늘에는 타르초가 바람을 타고.

레의 하늘은 여행자의 마음에 무엇으로 남을까.

길 위에서 낯선 세계가 익숙해질 때

●

   도시 레를 벗어나, 인더스강을 따라 마음 닿는 대로 달리면 라다크 전통 마을들을 어렵지 않게 만날 수 있다. 그곳 마을에는 오래된 곰파가 하나쯤은 있고, 라다크 사람들의 이야기를 들려준다.

   우리는 세 대의 지프에 나누어 타고 하루 동안 라다크 마을들을 돌아보기로 했다. 첫 목적지는 라다크를 통틀어 가장 큰 사원이 있다는 해미스(Hemis). 가는 길이 평화로웠다. 길은 논과 밭을 끼고 이어졌고, 지프는 그 끝자락에서 산을 파고 돌아 위엄 있고 고풍스런 곰파 앞에 여행자들을 내려놓았다. 목재 건물인 곰파 내부는 흡사 미로처럼 작은 방들이 좌우상하로 규칙도 없이 이어졌다. 아이들은 모둠별로 흩어진다. 나는 여러 개의 작은 방들을 지나다 맑은 염불 소리에 이끌려 들어간 곳에서 작은 이야기를 만난다. 주황색 승복의 스님이 낮은 소리로 염불을 하고, 그 맞은편 자리에서 젊은 여인 둘이서 염불 소리보다 더 낮은 얼굴로 기도하고 있다.

아마도 이야기의 제목은 간절함이 될 수 있겠지. 세계 여러 곳을 여행하다 들르게 되는 종교 사원에서 내가 마주치는 감정은 언제나 간절함이다. 네팔 안나푸르나 산골에서 흰색 바람벽에 앉아 마니차를 돌리던 동네 노인과, 이란 쉬라즈의 이슬람 사원 대리석 바닥에 이마를 대고 결코 끝나지 않을 것 같은 기도를 올리던 사나이와, 이스라엘 예루살렘 골고다 언덕 차가운 돌길에 무릎 꿇고 앉아 눈물을 글썽이던 앳된 얼굴의 수녀님…. 서로 다른 세상을 살아가는 그들 사이에게 보편적 인간을 묶는 유일한 기준은 어쩌면 간절함이 아닐까. 그럴 때마다 난 내 삶에 주어진 간절함에 대해 생각한다. 가끔 삶이 팍팍하고 쓸쓸할 때마다, 간절함에도 총량이 있다면 나는 나의 20대에 내 삶의 간절함 대부분을 앞당겨 사용해버린 것 같다고 생각하곤 했다. 남수와 민아와 다혜가 침묵으로 따라 들어와 바닥에 앉는다.

'저 아이들에게 간절함이란 무엇일까.'

며칠 전 정성껏 마니차를 돌리던 고등학교 1학년생 다혜에게 무슨 소원을 빌었냐고 물어본 적이 있다. 대학 합격이라고

헤미스 곰파, 시간의 흔적과 고요 앞에 여행자의 시선은 머문다.

말했다. 그렇겠지. 아마 다른 아이들의 소원도 크게 다르지 않을 수도 있겠다. 어쩌면 너나없이 같은 소원을 가지게끔 하는 곳이 우리 사회인지도 모르겠다. 그들을 그들만의 간절함 속에 두고 방을 나온다. 계단을 따라 몇 개의 방을 올라 옥상에 다다랐다. 스님 몇 분이 색 바랜 탱화 보수 작업을 하고 있다. 난간으로 나아가 마당을 내려다본다. 두 개 모둠 아이들이 그곳에 있다. 다리쉼을 하는 아이가 있고, 자세를 바꿔가며 셀프 사진을 찍는 아이들이 있고, 수다를 떨다 함박웃음을 터트리는 아이들이 있다. 나는 또 궁금해진다. 무엇이 저토록 내내 즐거울까. 그래서 내려가 아이들에게 물어보기로 한다.

"여행 재미있어?"

"네~!"

1초의 망설임도 없다. 그래서 다시 물어본다.

"왜? 뭐가?"

"그냥요!"

"다요!"

"한국 음식도 있고요~."

"노는 거요."

그러니까 아이들은 그냥 좋은 것이다. 그냥 다, 즐거운 것이다. 한국에서는 매일 먹었던 한국 음식을 가끔(!) 먹으니까 좋은 것이고, 매일 놀고 놀고 또 노니까 좋은 것이다. 그리고 어쩌면 망설임 없이 그냥 즐겁다고 말할 수 있는 지금의 자신이 좋은 것일지도 모르겠다. 여행을 떠나와 길 위에 서 있는 지금 이 시간, 그 자체가 좋은 것인지도.

벌써 14일이 지나갔다. 오늘 곰파에 갔다. 우리나라와는 스케일이 달랐다. 우리나라는 소승 불교고 여기는 대승 불교여서 더 색다른 구경이었다. 또 곰파에 승려가 1천 명이나 있다고 한다. 가는 곳마다 달라이 라마 사진이 있다. 여기 히말라야는 빙하가 여름에도 안 녹는 만년설이 있어 더 멋지다. 보는 곳마다 모든 게 볼거리다. 한국인 누나가 하는 게스트하우스 여기에 와서 더 영어가 좋아진다. 외국인이랑 대화를 하면 '와, 내가 영어로 의사소통을 할 수 있다니' 하는 신기함이 더해진다. 오늘은 못 잊을 날이 될 것이다.

— 남수

지프를 타고 간 첫 번째 목적지는 해미스 곰파다. 라다크에서 제일 큰 절이고 1630년에 만들어졌으니까, 지금 382살이다. 와우~ 오래되었음. 모둠끼리 사진도 같이 찍고 막 돌아다녔다. 우리 모둠에서는 유진 언니만 빼면 트레킹에서도 선두로 갔고 잘 걷는 사람들로 구성되어 있어서 스피드는

거의 최고였다. 내려오는 길에는 넘어져서 다리에 큰 상처
가 나기도 했다. ㅠ.ㅠ

— 민아

또 하나의 오래된 곰파가 있는 마을 틱세(Tikkse)에 들렀다
가 간단히 점심을 먹고 쉐이(Shey) 궁전을 돌아본다. 틱세 곰파
는 아슬아슬한 언덕 위에 지어져 사원이라기보다 성곽의 위엄
을 지닌 반면, 쉐이 궁전은 여기저기 허물어진 성벽 때문에 오
히려 쇠락한 사원 같다. 하지만 반복되는 사원과 고궁 투어에
흥미를 잃은 아이들은 간절함 대신 지루함의 얼굴을 하고 있다.
지금 그들에게 간절함이란 레로 돌아가서 시장과 골목을 돌아
다니고, 쇼핑을 하고, 레스토랑을 탐방하는 일일지도. 곰파와
궁전이 라다크인들의 오래된 문화를 보여준다면, 레의 시장과
길거리와 레스토랑은 라다크의 지금 또는 나아갈 문화를 보여
준다는 점에서 그들의 간절함은 정방향이다.

이른 오후에 레로 돌아왔다. 게스트하우스 넓은 정원에는
아이들이 널어놓은 빨래가 타르초인 양 바람에 휘날린다. 몇몇
다른 여행자들이 따스한 해바라기를 하며 의자에 앉았거나, 바
람 빠진 매트리스에 누웠거나, 이 빠진 찻잔을 든 채 한가로운
시간을 보내고 있었다. 해먹에 누웠던 주인장 수미 씨가 기다린

듯 반갑게 아이들을 맞아준다. 여행자는 누군가 기다려주고 반겨준다는 것만으로 마치 집으로 돌아온 것처럼 편안한 법이다.

여기에서 잠깐 수미 씨와 그의 남자 친구 겟쵸를 만난 이야기를 해야겠다. 한국인인 수미 씨는 홀로 라다크로 여행을 온 여행자였다. 그녀는 영화에서처럼 레라는 도시에 그냥 꽂혔고, 그렇게 레에서 4개월을 지내는 사이에 남자 친구가 생겼으며, 이제 남자 친구와 함께 이국의 땅에서 게스트하우스를 시작한 것이다. 그런데 내가 먼저 알게 된 사람은 수미 씨가 아니라 그녀의 남자 친구 겟쵸였다. 히말라야 트레킹을 알아보기 위해 여행사를 알아보던 중 그를 만났다. 그의 성실함에 믿음이 가서 그가 매니저로 있는 여행사와 트레킹 계약을 하게 된 것이다. 계약을 마치면서 겟쵸가 한국말로 "정말~ 감사합니다"라고 말하면서 우리의 인연이 시작된 셈이다. 그 후 고산증으로 힘들어하던 아이들을 병원으로 데려가도록 조언을 해주었던 이도, 트레킹 때 가이드 지미 편으로 손수 담근 김치를 보내주었던 이도 바로 수미 씨였다.

그들의 게스트하우스에는 자유로운 공기가 떠다녔다. 말하자면 굳이 거리를 돌아다니지 않고 숙소에만 있어도 좋은 곳 말이다. 아이들이 훗날 이곳과 이들 커플을 기억할 때, 우리가 살아가며 선택할 수 있는 삶에는 다양한 색과 모양이 있음을 떠올리기를.

레에서의 마지막 날, 아이들은 거리를 쏘다니고 아내와 나는 오후 늦은 시각에 해가 지고 달이 떠오르는 풍경을 보러 갔다. 선셋 뷰포인트인 샨티 스투파(Santi Stupa)에 이르기 위해서는 30분가량 가파른 언덕을 올라야 했다. 하얗고 둥근 티베트 불교의 탑 아래에는 벌써 제법 많은 사람들이 일몰을 기다리고 있었다. 드디어 해가 붉은 핏덩이를 토해내고 구름마다 노랗거나 푸르거나 오렌지 빛깔의 색이 입혀졌다. 예쁘다. 석양을 기다리는 여행자들은 이야기를 나눈다. 이곳에서 처음 만난 사이라도 이 붉은 아름다움 앞에서는 서로에게 어떤 머뭇거림이 있을 리 없다. 독일에서 온 여행자는 그림을 그리는데 검은 도화지다. 검은 배경에 색깔 하나씩을 입힐 때마다 하얀 스투파가 살아나고, 노을이 물길처럼 형태를 얻고, 바람도 구름도 흔적을 남기면서 그림이 점점 예사롭지 않게 변해간다. 그 옆에서 서양인 출신의 스님이 수염 덥수룩한 인도 아저씨와 나누는 이야기가 사뭇 진지하다. 그들의 언어에 근접할 수 없는 나로서는 이야기보다는 그들의 실루엣을 담아내는 석양이 더 흥미롭다. 또 이스라엘에서 왔다는 젊은 커플이 자신들의 카메라 속 세상을 보며 나누는 이야기가 살갑게 들려온다. 그때 이목구비가 또렷한 인도 커플이 사진을 찍어달라고 부탁한다. 라다크 아이들이

길은 사라지지 않아

맨발로 뛰어논다. 아이들을 보며 흐흐흐 웃고 있는 호주 친구들은 촌스러워서 더 친근하다. 부릉부릉. 모터바이크를 탄 인도인 라이더들이 이곳까지 올라왔다. 부릉부릉. 하나, 둘, 셋, 넷, 다섯 명이다. 이 모든 풍경들이 석양을 기다리는 사람들의 이야기다. 이 풍경 안에는 물론 아내와 나도 있다. 내가 다른 여행자들의 이야기를 사진 속에 담듯이, 우리 부부 역시 그들의 사진 속 이야기로 남게 될 것이다. 이것이 여행일지도. 여행자는 석양을 기다리고, 석양 속에서 서로에게 그림이 되고, 이야기로 남게 되는 것. 하지만 이야기는 끝나지 않았다. 해가 사라지기도 전에 반대쪽 산 너머에서 안개구름을 먹은 보름달이 떠올랐다.

해가 떠나기도. 전에 달이 오듯이 우리의 이야기도 아직 끝나지 않았다. 돌아오는 길에 정호과 정민을 만났다. 그들은 통통 뛰어다닌다. 레에서의 마지막 날을 위해 과자와 음료수를 사서 작은 파티를 할 거라 했다. 아이들은 고소에 완전히 적응한 모양이었다. 3박 4일간의 시골 마을 홈스테이와 4박 5일간의 히말라야 트레킹을 무사히 끝마쳤다는 일종의 성취감 혹은 자신감 때문이기도 할 것이다. 그러고 보니 나에게도 레의 산소와 골목골목 길들이 어느새 익숙해졌다. 드디어 떠날 때가 된 것이다. 길 위에서 낯선 세계가 익숙해질 때, 여행자는 떠날 시간을 감지한다. 더 이상 낯설지 않은 세계를 여행자는 잘 견디지 못한다. 나에겐 삶도 그랬다. 삶이 나의 자리에서 더 이상 열정적이지 않다고 느낄 때, 또 다른 삶으로 떠나곤 했으니까.

그날 저녁 생일 파티가 있었다. 우리는 마당 쉼터 바닥에 둘러앉았다. 내가 전날 레 시내를 다 뒤져 겨우 사 온 생크림 케이크를 내놓았고, 몇몇 아이들은 함께 준비한 티셔츠를, 예인이네 모둠에서는 맥주 한 병을 꺼냈다. 고산증을 조심하느라 금지시켰던 맥주를 그날 처음 조금씩 나누어 마셨다. 그리고 한 명씩 노래를 불렀다. 자유로움이 우리를 감싸고 있았나. 여행학교는 학교이지만, 반드시 무엇을 보고 듣고 배우거나 또는 무엇을 해내기 위해 떠나온 것은 아니다. 다만 각자의 떠나온 이유를 찾고 내가 하고 싶은 것을 맘껏 해보았다는 충족감, 그것이면 충분하지 않을까. 오늘처럼.

저녁엔 숙소 마당에 있는 해먹에 솔지 언니와 함께 껑기듯 누워서 노래를 듣고 부르면서 시간을 보냈다. 솔지 언니랑은 좋아하는 노래 취향이 서로 비슷해서 이렇게 노래를 들으며 이야기하는 것이 즐겁다. 그런데 이때 우현이가 찍은 우리 사진을 보니 그물에 걸린 두 마리의 생선처럼 보였다. 남겨진 사진은 매우 추했지만 재밌는 추억이 하나 더 생긴 것 같아 기분은 좋았다. 그리고 밀린 빨래를 했는데 새삼

세탁기의 소중함을 알게 되었다. 다 빨아 널어둔 빨래를 보
자 마음이 뿌듯했는데, 한편으론 내일 아침까지 다 마를까
하는 걱정도 되었다. 건조한 레의 습도를 믿어보기로 하고
잠에 들었다.

— 다해

엄마 아빠께.

엄마 아빠 잘 지내세요? 나는 지금 '레'에 있답니다. 여기 하
늘 정말 이뻐요. 지대가 높아서 그런가 하늘과 더 가깝게
느껴져요. 손만 뻗으면 하늘과 닿을 것처럼 느껴져요. 또 밤
에는 별이 얼마나 많은지 태어나서 이렇게 많은 별들은 처
음 봤어요. 엄마 아빠랑 같이 왔으면 더 좋았을 텐데… 많
이 아쉬워요. ㅜㅜ 3박 4일 동안 작은 마을에서 홈스테이
를 했는데 정말 재미있었어요. 마을도 이쁘고 홈스테이 집
할머니랑 아주머니랑 다 잘해주셔서 정말 좋았어요. 그런
데 왠지 이 엽서를 내가 집에 가고 나서 받을까 봐 걱정이
되긴 하네요. ㅎㅎ 저는 정말 잘 지내고 있으니 걱정하지 마
세요. 그리고 이렇게 좋은 곳에 여행을 보내주셔서 감사합
니다. 사랑해요♡

— 솔지

—
레 곰파, 승려, 그리고 설산.

3

다 시 ,   세 상 으 로 ,   집 으 로

인도는 늘 이런 식이다

●

새벽 3시. 달빛에 눈이 부셔 눈이 떠졌다. 히말라야의 이 오
래된 도시는 어쩌자고 손끝에 닿을 듯 밤하늘이 가까운 데다
창마저 이리 넓고 투명해서 여행자의 잠을 깨우는지. 수북수북
방 안으로 쌓여드는 달빛의 두께를 밟으며 창으로 다가선다. 레
에 도착하던 날 공항에 내려서며 보았던 무지개. 그 기억이 벌
써 15일 전의 것이 되었다. 창에 코가 닿을 듯 다가서자 달빛이
부드러운 감촉으로 전해진다. 지구 밖 그 먼 길을 건너 달빛이
여기 창까지 찾아왔듯이 우리의 여행도 길을 찾아 어딘가로 다
가서고 있음을 느낀다. 이제 아이들에겐 스스로 무엇인가를 결
정하고 실행하는 일이 자연스러운 일이 되었다. 길 위에서의 낯
선 시간은 두려움이라기보다는 처음이라는 이름의 아름다움이

되고 있다.

새벽 4시 30분. 눈꺼풀이 무거우면 무거운 채로 아이들이 마당으로 모여든다. 게스트하우스 주인장 커플 수미 씨와 겟쵸도 벌써 나와 있다. 아이들은 그들이 준비해준 샌드위치, 바나나, 주스를 배낭에 챙겨 넣는다. 아침 도시락인 셈이다. 겟쵸가 막내 우현의 짐을 둘러메고 모터바이크를 타고 먼저 떠나고, 우리는 걸어서 버스가 출발하는 마을 공터로 향한다. 짙은 어둠 속 버스 불빛이 바다 끝 등대 같다. 우리가 승차하자 버스가 부릉부릉 떠날 채비를 한다. 그때 막내 우현이 겟쵸에게 다가가 힘껏 껴안았다. 겟쵸는 서툰 한국어 발음으로 "동생~ 동생~" 하며 우현이를 좋아했었다. 우현도 겟쵸에게 정이 들었나 보다. 손을 흔드는 겟쵸를 남겨두고 버스가 떠난다. 버스와 함께 우리도, 겟쵸와 히말라야의 설산들과 야크와 우윳빛 강물을 어둠 속에 남겨두고 레를 떠난다. 여행이란 것이 만나고 또 떠나는 일이지만, 헤어지는 일에 젬병인 나는 감정의 꼬리를 끊지 못하고 침묵한다. 아이들도 말이 없음은 마찬가지다.

레 시가지를 벗어나자 검문소가 나타나고, 곧 세계에서 두 번째로 높은 도로가 시작된다. 구불구불 뱀처럼 몸을 꼬아 오르고 또 오른다. 길은 점점 험해지고 그만큼 산은 더 높아진다.

"삼촌, 버스가 왜 산을 타고 있어요?"

—
버스 히마찰, 2박 3일 동안 세계에서 두 번째로 높은 도로를 달리다.

잠에서 깬 남수. 얼마나 올랐을까. 드디어 해발 고도 5,328 미터인 탕롱 라(Tanglong La)에 올라섰다. 이 높은 곳에도 휴게소가 있다. 눈이 시리고, 숨이 차다. 하늘의 푸름이 투명하고 날카롭다. 카메라 앵글을 옮길 때마다 엽서가 된다. 해발 고도 표지석 앞에서 모터바이크에 기대선 서양 남자가 내게 사진을 부탁해왔다. 우크라이나에서 이곳까지 모터바이크와 함께 왔단다. 가늠할 수 없는 거리였고, 상상해보지 못했던 모험이다. 아이들은 경이로운 눈빛을 거두지 못한다. 그 남자를 만난 것만으로도 생각의 폭이 한 뼘은 더 확장되었을 것 같다. 내게도 아이들에게도.

정오 12시. 사르츄(Sarchu)에 도착했다. 마을이 아니라, 해발 5천 미터가 넘는 황량한 분지다. 몽골식 천막의 호텔 하나와 레스토랑 하나가 달랑 있다. 점심 식사 시간이었으므로, 나는 인도 정식 '달'을 시켰다. 그러고는 우리 중 아무도 음식을 주문하지 않는다. 그도 그럴 것이 구불구불 산을 오르는 사이에 배 속이 뒤집어져 불편해진 것이다. 아이들은 쿠키 밥에 수다를 반찬으로 끼니를 때울 모양이었다. 오후 1시. 다시 출발. 달 표면처럼 황량하고 아름다운 분지가 두 시간도 넘게 이어진다. 놀랍게도, 이런 곳에도 차를 기다리는 사람이 있다. 저이들은 어디에서 나타난 걸까. 이 높은 곳에 이런 넓은 땅이 있다는 것도, 버스를 기다리는 사람이 산다는 것도, 이처럼 황량한 땅이 가슴 시리도록 아름다울 수 있다는 것도 감히 상상해보지 못했던 일이다.

잠에서 깨어난 아이들. 올라오는 길에서 잠만 자진 않았나 보다.

"자다 깼는데, 낭떠러지를 돌고 있어 창밖을 봤다가… 아찔해서 눈을 돌렸어요."

"기사님 운전 솜씨가 진짜 쩔어. 한 손으로 물 마시고, 담배 피우고…."

"옆자리 차장과 대화할 때 왜 자꾸 고개를 옆으로 돌리시는 거냐고!"

버스 기사 아저씨가 어쩌나 운전을 잘하시던지… 담배 피우며 그 험한 길을 달리기도 하며 어떨 땐 담배와 전화를 동시에 하며 핸들을 돌리셨다. 그 절벽 가파른 길 그것도 뺑뺑 굽이진 길을 아저씨는 너무도 태연하게 운전하셨다. 뒤에서 지켜보는 난 옆에 앉은 아저씨가 운전기사님께 말을 걸지 않길 얼마나 바랐는지…. 혹시나 핸들을 돌려야 할 타이밍을 놓치진 않으실까 마음을 졸여야 했다.

— 진실

길은 사라지지 않아

오후 5시 30분. 운전기사님의 베스트 드라이빙 덕분에 무사
히 께일롱(Keylong)에 도착했다. 1박을 할 마을이다. 이 높은 도
로를 넘어 목적지인 인도 마날리까지는 이틀이 필요했고, 그 첫
날 우리는 꼬박 열두 시간을 달려온 것이다. 버스 회사에서 제
공하는 숙박 시설은 예상대로 군대 야전용 천막 텐트다. 바닥은
흙바닥 그대로였지만 사람이 서 있어도 될 만큼 텐트는 높고
넓었으며, 의외로 침대가 있었다. 다행히 아이들은 불편해하지
않았다. 히말라야 트레킹이 준 선물이겠지.

그날 밤 그곳에 에피소드 하나가 나를 기다리고 있음을 알
지 못했다. 라다크라는 하나의 세계가 가고 또 다른 세계가 시
작되었음을 감지하지 못했던 것이다. 이야기는 이렇게 시작된
다. 도착하자마자 나는 인도인 매니저에게 몇 번이고 확인했었
다. 어린 여행자들이 내일은 꼭 멀미약이 필요한데, 어디서 구
할 수 있느냐고. 물어볼 때마다, 알겠다, 가져오라 하겠다, 곧
가져온다고 했다, 이렇게 대답했다. 하지만 밤 9시가 되어 네
번째 확인을 하자 내일 아침에 사 오겠다고 둘러댄다. 결국 내
가 마을 병원까지 직접 가겠다고 했다. 그는 길 안내로 직원 두
명을 동행시켜주었다. 2킬로미터 정도를 큰길로 걷다가, 마을
길로 접어들면서부터는 좁고 어둡고 복잡한 골목길로 한참을
나아갔다. 앞서가던 두 녀석들이 갑자기 뒤돌아섰다. 그러곤 무

슨 비밀 이야기라도 되는 듯이 진지한 얼굴로 속삭이는 것이다.

"200루피가 있어야 해. 지금은 늦은 시간이라서 야간 엑스트라 요금을 내야 하거든."

순간, 정신이 번쩍 든다. 내가 본격적으로 인도 땅에 들어섰다는 것을 미처 생각지 못했던 것이다. 그동안 인도이면서도 인도가 아닌 라다크에서 너무 평화로웠던 것이다. 여행자 디엔에이(DNA)가 꿈틀 깨어난다. 그래서 단호하게 말한다.

"일단 병원까지 갑시다. 그럼, 그곳에서 줄게요!"

혼자 성큼성큼 앞서가자 그들은 계속해서 야간 요금이 어쩌고저쩌고 투덜거리며 따라왔다. 얼마 가지 않아 동네 병원 작은 불빛이 보였다. 드디어 멀미약을 손에 넣었다. 하지만 영어를 잘하던 간호사는 당연히 야간 엑스트라 요금에 대해 알지 못했다. 나는 그들에게 준비해갔던 팁을 주지 않았다. 아니, 내 마음이 평화를 찾고 다시 팁을 주려고 했을 때는 뒤따라오던 그들이 이미 사라지고 없어서 줄 수가 없었다. 인도는 늘 이런 식이다. 제법 단단하다고 생각했던 내 마음을 헤집어놓는다. 이왕에 팁으로 주려고 했던 돈이었다. 내 마음을 성찰하게 한 대가라고 생각할 수도 있으련만. 손바닥 위 지폐 몇 장을 내려다보다, 그들이 사라졌을 골목 어둠 속을 응시한다. 이렇게 한 세계가 가고 또 하나의 세계가 성큼 다가오고 있음을 절감하며.

길은 사라지지 않아

오늘 버스를 열두 시간 탔는데 길이 진짜… 내가 여기서 죽어도 이상할 게 없겠구나 싶었지만 보란 듯이 살았다!!!! 어떤 숙소 앞에서 천막에서 잤는데 그냥 맨바닥에 매트리스 깔고 잘 줄 알았는데 침대가 있어 감동했다.

— 유진

새벽부터 지각. 으악. 어제 우리 모둠 아이들과 너무 신나게 놀아서 그만 지각. Ooooops! 새벽 5시부터 시작한 버스 여행은 약 열두 시간? 멀미약을 먹어 멀미는 없었지만 피곤하고 지치긴 했다. 자고 눈뜨면 버스, 또 눈뜨면 버스, 또…. 그래도 버스에서 잠이 깨 멍하니 풍경을 보고 있으면 여러 가지 생각을 할 수 있었다. 열두 시간 동안 생각하다 잠들고 또 깨서 멍 때리고 이걸 반복했던 것 같다. 숙소는 와, 정말 생각보다 정말 좋았다. 침대도 있었고 텐트가 아늑하니 좋았다. 트레킹을 하지 않았더라면 몰랐을 감사함이었다.

— 아라

히말라야에서 버스를 탄다는 것은

●

우리는 히말라야를 건너는 도로를 이틀째 달리고 있었다. 그 길 끝에서 만나게 될 세상이 오아시스처럼 느껴지게 하는 것은 작은 빗방울들 때문이다. 아침부터 차창에 빗금으로 미끄러지던 빗방울을 보며 라다크의 건조함의 끝을 감지한다. 그 빗방울로 어제와는 전혀 다른 풍경이 만들어진다. 삐죽 홀로 길게만 자라던 나무들이 둥글고 풍성하게 모여 푸른 산의 색을 되찾았다.

하지만 그 마음과는 달리 길은 점점 험해지고 있었다. 내리막길 경사가 심해지고, 도로를 가로질러 흘러내리는 물이 많아진다 싶더니 비포장 흙길이 시작되었다. 길이 패여 흙탕물이 여기저기 고여 들었다. 차들이 밀리고 버스가 거북이처럼 나아간

다 싶더니, 결국 멈춰버리고 만다. 마침내 인도의 시작인가. 나
의 여행에서 인도는 늘 기다림의 시간과 함께 왔었다. 아이들은
지루함에 몸이 뒤틀린다. 이제 배마저 고프다. 해남에서 와서
별명이 '해남이'인 남수.

"삼촌, 버스가 왜 안 가요? 이제 몇 시간 남았어요?"

"몇 시간? 오늘 안에 도착할 수 있을지가 걱정인데?"

"아침에 운전사 아저씨가 여섯 시간 걸린다고 했는데요?"

"남수야 있잖아…, 이 삼촌이 인도에서 살아남는 비법을 하
나 알려주지. 시간을 따지지도 재지도 말 것. 왜냐하면 화병 나
서 죽을지도 모르거든. 인도 시간은 대한민국의 시간과 다르게
흐른단다."

남수를 놀려먹는 사이 버스는 한 시간 만에 다시 시동을 걸
었다. 하지만 100미터도 가지 못하고 다시 멈추어서는 또 시동
을 꺼야 했다. 남수의 실망하는 한숨 소리.

"삼촌, 그럼 우리 밤에는 어떻게 해요?"

"뭐가 걱정이니? 배낭에서 침낭 꺼내 덮고 추위와 용감하게
싸우면서 결코 아무나 경험할 수 없는 지독히 아름다운 추억을
오늘 밤에 만드는 거지~!"

그때 막내 우현이가 끼어든다. 그는 모자를 운전대처럼 둥
글게 쥐고서 운전하는 흉내를 내고 있으면 차멀미가 덜하다고

—
이 황량한 아름다움이라니!

이 높은 곳에도 호텔과 레스토랑이 있다!

내내 그러고 왔다.

"남수 형, 혹시 짜이 장수가 짜이를 파느라고 막히는 것 아닐까?"

"우현아! 그러면 우리가 나가서 짜이 다 팔아주자~ 응!"

둘 덕분에 지루한 시간을 뚫고 차 안에 웃음소리가 터진다. 하지만 우리의 걱정 따위는 아랑곳없이 버스가 가다 서다를 반복하는 사이, 우리를 포함한 승객들은 점점 말이 없어진다. 그때 즈음이었다. 운전기사가 승객들을 돌아보며 엄청나게 큰 폭풍이 앞쪽에서 몰려오고 있다고 소리쳤다. 그랬다. 하늘은 온통 먹장구름으로 뒤덮였고 순식간에 5미터 앞도 보이지 않을 만큼 안개가 몰려들었다. 그 순간. 우리는 무엇인가를 보고야 말았다. 버스 옆으로 창문을 다 채울 정도로 큰 바윗덩어리가 갑자기 나타난 것이다. 그리고 뒤집어진 트럭까지. 순간 내 심장도 쿵 하고 떨어진다. 산비탈의 바윗덩어리들이 도로로 굴러떨어진 모양이다. 아직도 도로 가까운 비탈 위에 적지 않은 바위더미들이 위태롭게 붙어 있다. 아이들은 이미 잠이 다 달아나버린 얼굴로 얼어버렸다. 진실이는 창 커튼을 생명줄인 양 부여잡고 눈을 질끈 감았다. 바위들이 계속 내리는 빗물로 다시 구르기 시작한다면? 아마 우리의 삶도 저 바위와 함께 굴러굴러 계곡 아래로 향하겠지. 생각만으로도 등골이 오싹해진다. 이럴 때마다 느끼는 것이지만 히말라야에서 버스를 탄다는 것은 삶과 죽음의 맨 얼굴과 마주하는 일이 아닐까 싶다. 이곳에서는 죽음도 삶도 그 경계가 참 선명하다는 생각과 함께.

아침부터 또 버스를 타고 달렸다. 안개가 뿌옇더니 그렇게 지독한 안개를, 그렇게 오랫동안 본 건 처음이었다. 처음에는 멋있다고 생각했다. But… 으악! 비가 오고 앞앞앞의 차는 고장이 나고, 한 시간 무렵을 제자리에서 기다리고, 베테랑 기사 아저씨는 'Big storm's coming!'이라고 소리를 지르고, 아 이대로 여기서 자나 보구나 싶었다. 제대로 버스에서 추억을 남기겠구나. ㅋㅋㅋ 아쉽게도 길이 잘 풀려 마날리로 갈 수 있었다.

— 아라

오늘은 어제보다 일곱 시간을 적게 왔다. 그래서 좋았다. 그런데 도중에 버스가 한 시간 동안 멈췄다. 처음에는 이유도 몰랐다. 왜냐하면 운전기사들이 사고가 생겼나 보러 갔기 때문이다. 왜 그런지 기사한테 물어봤더니 비 때문에 큰 돌이 떨어지는 바람에 버스가 길 아래로 떨어졌다고 했다. 아찔한 상황이었다. 다행히도 우리가 갈 때는 작은 돌들만 떨

어지고 큰 돌은 떨어지지 않았다. 그렇게 또 긴장 속에서
마날리에 도착했다. 오늘은 파스타를 먹었는데 내가 싫어
하는 종류의 파스타여서 슬펐다. 내일은 꼭 맛있는 것을 먹
을 것이다.

— 우현

마날리 버스터미널에 무사히 도착했다. 여덟 시간 만이다.
버스 지붕 위에 실린 배낭들을 채 내리기도 전에 택시 운전사
들과 삐끼들이 몰려들어 우리 일행을 에워쌌다. 우리 인원은 열
여섯 명이었고, 그들에게는 큰 먹잇감이었다.

"헤이 친구들, 택시 필요하지?"

"싸고 좋은 숙소 내가 알아."

"물 사지 않을래?"

"어느 나라에서 왔니?"

"너희 모두 몇 명이야?"

알아듣기 힘든 인도식 영어로 와글거리는 통에 아이들은 혼
이 빠진 얼굴들이다. 무슨 이유인지 함께 달려들지 못하고 조금
떨어져 바라만 보고 있던 택시 기사 두 명을 불렀다. 그냥 그러
고 싶었다. 우리는 그들의 택시 두 대에 나누어 타고 여행자의
거리가 있는 바사슈트 지역으로 이동했다.

마을 어귀에 도착하고, 아이들은 모둠별로 흩어진다. 숙소 사냥이다. 그들은 3일 치의 용돈을 미리 받았다. 지금부터 아이들은 그 용돈의 범위 안에서 자고 싶은 곳에서 자고, 먹고 싶은 것을 먹고, 놀고 싶은 만큼 놀 것이다. 아무것도 간섭받지 않고, 누구도 잘했다거나 못했다고 평가하지 않을 것이다. 다만 스스로의 성찰이 필요할 뿐이다. 여전히 비가 내리고 마을은 산비탈을 깎아 만든 지형이라 숙소 사냥이 쉽지만은 않다. 그런데도 아이들은 이 시간을 좋아한다. 이유는 간명하다. 이 시간의 온전한 주인은 그들 자신이기 때문이다. 내가 여행학교에서 가장 소중히 생각하는 가치가 바로 그것이다. 스스로 여행자가 되는 것. 길 위에서 만나는 삶의 주인이 되는 것. 먹는 것, 자는 것, 그리고 노는 것을 스스로의 힘으로 해결하는 과정에서 단순한 삶의 아름다움을 몸 안에 익혀보는 것이다. 이제부터 여행은 온전히 아이들의 것이다.

쓸모 있고 좋은 방은 다른 모둠이 싹쓸이를 해서 우리 모둠은 그냥 우연찮게 간신히 방 두 개를 잡아서 생활을 했다. 풍경도 별로고 화장실에 민달팽이가 있고 침대 밑에는 개미도 있고 오로지 이 방을 빨리 벗어나야지라고 생각했다.

— 철민

(마날리의) 바사슈트는 아기자기한 곳이었다. 레보다 훨씬 고
도도 낮아서 힘들지 않았다. 하지만 비가 오고 있어서 힘들
었다. 여기 숙소는 가격도 레보다 싸고 시설도 더 좋은 거
같다. 레는 지옥이고 마날리는 천국이다.

— 정호

길은 사라지지 않아

—
라다크의 하늘을 날아오르다.

마날리가 천국인 저마다의 이유

●

"마날리는 천국이에요!"

아이들 반응이다. 대한민국 서로 다른 도시에서 떠나왔듯이 여행학교에 참가한 이유도 각기 달랐으나, 천국이라는 사실에는 아이들 모두 동의하는 편이었다. 그 까닭은 이렇다.

"뛰어다녀도 숨이 안 차니까 살 것 같아요. 숨 쉴 수 있는 자유가 이렇게 소중한지 예전에는 상상조차 못 했어요!"

해발 고도가 낮아진 덕분이다. 아마도 대부분 아이들 생각이겠지만, 특히 고산병 때문에 고생했던 친구들일수록 더 절실할 것 같다. 레에서는 많이 돌아다닌 다음 날에는 꼭 머리가 아프거나 속이 울렁거리곤 했었다. 다음 날 걱정 없이 마음대로 뛰어놀 수 있다는 이 단순한 사실이 이토록 고마운 것이다.

길은 사라지지 않아

어린 여행자들, 헤나 타투의 매력 속으로 빠져본다.

해발 고도가 낮아짐에 따라 아내와 나의 움직임도 도시 구석구석까지 넓어진다. 올드 마날리인 바사슈트의 뒷길로 접어들면 오래된 인도 마을이 나타난다. 지붕 위에 넓적 돌을 얹은 전통 집들과 마당 한 편에 평화롭게 누운 누런 일소와 그 뒤편에 탈수도 하지 않고 널어둔 빨래들. 내 생각에, 따스한 온기를 품은 마을이 가져야 할 풍경이 그곳에 다 있다. 또 작은 골목들 사이를 몇 번 접어들다 보면 작은 카페들을 만나게 된다. 카페에는 인도인들이 가장 좋아하는 코끼리 형상의 신 가네샤 (Ganesa)나 천연색 꽃들이 벽화로 선명하게 그려져 있다. 그곳엔 저마다의 사연을 품은 여행자들이 낡은 건물을 떠받치는 기둥 하나씩에 기대어 음악을 듣거나 책을 읽으며 세상 속으로 시간을 흘려보낸다.

여러 나라를 여행하다 보면 여행자가 모여드는 도시, 그리고 골목들을 만나게 된다. 마날리 바사슈트 지역도 그렇다. 여행자들이 모여드는 데에는 저마다의 까닭과 매력이 있기 마련이다. 배낭을 둘러메고 길을 떠나야 했던 이들이 스스로 배낭을 내려놓고 한곳에 머물게끔 하는 그 무엇이 존재한다는 뜻이겠다. 길을 떠날 때 마음 다잡으며 조여 묶었던 신발 끈을 풀고 싶어지는, 그렇게 해도 괜찮을 것 같은, 이제 걷거나 뛰지 않아도 충분하다고 말해주는 것 같은 공기가 나를 둘러쌀 때, 일상

길은 사라지지 않아

과 대척점에 서서 잠시 길을 멈추고 또 다른 삶의 모퉁이를 두리번거린다.

여행학교 아이들 역시 우리에게 주어진 3박 4일 동안 모둠별로 각자의 취향대로 올드 마날리와 뉴 마날리를 돌아다니다 이곳 어느 골목길에서, 식당에서, 카페에서 저마다 하나씩의 이야기들을 지어내고 있으리라 상상하니 미소 짓게 된다.

또 하루는 흙길을 걸어서 뉴 마날리 지역으로 향했다. 계곡 물이 무섭게 불어났다. 흙탕물이 바윗덩이와 싸우는 기세가 맹렬하다.

"지난밤에 비가 많이 왔어요. 다리가 떠내려가고 트럭이 강물에 휩쓸리고 집도 몇 채 쓸려갔어요."

길에서 만난 마날리 청년이 묻지도 않는 이야기를 들려준다. 그래서 이재민이 많이 생길 것 같아 걱정이란다. 그 청년을 따라 계곡으로 내려가본다.

"인도인은 이곳 사람들을 히마찰 촌놈이라고 불러요. 그만큼 순한 사람들이지요. 델리에 가면 직장 얻기가 쉬워 친구들은 델리로 많이들 갔어요. 그래도 전 이곳이 좋아 남아 있지만 언제까지 있을지는 모르겠어요."

그러고 보니 자전거 인력거꾼인 릭샤왈라나 환전해주는 친구들로 좀 더 순해 보였던 것 같다. 세상 어디나 시골 인심은 마찬가지인 걸까. 그 청년에게 길을 물어 버스터미널까지 걸어 델리행 야간버스표를 예매했다. 그러고는 역시 그가 추천해준 사원으로 향한다. 나무로 지어진 오래된 사찰이 두 채 있고 주변엔 키 큰 나무들이 짙은 숲을 이루었고 원숭이들이 많았다. 사람들은 적당했다. 머리에 터번을 한 남자와 그의 가족과 눈빛이 마주쳤다. 언제나 느끼는 것이지만 인도 아이들은 눈이 너무 예쁘다. 함께 사진을 찍고 싶단다. 나에게 낯선 세상인 이곳 사람들에게 나는 역으로 낯선 외국인이다. 돌아오는 길에 이탈리아인이 운영하는 레스토랑에서 파스타를 먹다가 문득, 이렇듯 당연한 사실을 비로소 자각할 때 내 감각이 새로워짐을 느낀다.

뚝뚝이는 참 재밌다. 덜컹덜컹. 놀이기구를 타는 기분. 점심을 먹으러 갔는데 레에서 만났던 한국인 스님과 아저씨를 만났다. 와! 여행자들이 진짜 이렇게 돌고 돌아 만나는구나. 그분들 덕분에 여러 곳을 갈 수 있었다. 올드 마날리도 가고 내추럴 파크도 가고. 오늘 밤 12시에는 한국 축구 경기가 있다. 오늘은 정말 불금.

— 아라

마날리가 천국이라는 아이들의 두 번째 까닭도 들어보자.

—
여행자의 신발 끈을 풀게 하는 마날리의 매력.

"삼촌, 레와는 비교 자체가 불가능입니다. 눈물이 날 정도로 맛있어요!"

이탈리아나 인도 음식 이야기가 아니다. 바사슈트에는 한국인이 경영하는 작은 한국 음식점이 있었던 것이다. 내가 그 식당을 찾았을 때 문중이네 모둠 아이들은 이미 라볶이와 모둠김밥과 김치찌개와 라면을 한꺼번에 해치우고 포만감에 젖은 얼굴로 늘어져 있었다.

"삼촌~ 있잖아요. 세상에 멸치볶음이 밑반찬으로 나와요! 밥에 흑미가 들어 있고요."

식당 개업한 지가 2년 되었단다. 녀석들은 겨우 한 끼 식사를 마치고 식당 홍보 대사라도 된 것 같다. 전깃불이 잠깐씩 그리고 자주 나갔다 들어온다. 덕분에 촛불이 어룽거리는 저녁 밥상을 앞에 두고 귀한 이야기를 듣는다. 식당은 젊은 한국인 여주인과 그녀의 남편인 카슈미르 출신 인도 청년이 함께 운영하고 있었다. 2년 전 이곳에서 결혼했지만 한국으로 단 한 번도 인사를 갈 수 없었다고 한다. 여자분의 부모님이 격렬히 반대하신 탓이다. 이야기는 거기에서 끝났으나, 그뿐일까. 세상의 벌거벗은 편견들…. 그래서일까. 두 사람 눈매가 지독하게 닮아 있고, 또한 슬퍼 보였다. 순한 소처럼. 문중이가 그들의 순한 사랑을 폴라로이드 사진으로 담아 남겨주었다. 이곳이 천국이어

야 하는 이유가 하나 더 생긴 셈이다. 그들의 순한 사랑 이야기
가 이곳에서 자라고 있으므로.

스시 윤. 일본 음식점인 줄 알았건만 한국 사람이 운영하는
한국 음식점이었다. 음식이 나오길 기다리면서 어떻게 두
사람이 결혼할 수 있었는지 언어가 달라도 사랑이 가능한
지에 대해 생각했다. 한국에 친구들이 있을 텐데 외롭지 않
을까? 남편만 보고 타국에서 살아가는 건 어떤 기분일까?
두 사람이 싸우는 횟수는 적을 것 같다. 영어로 싸워야 하
니까. ㅎㅎ

— 진실

마지막 까닭은 온천에 있다. 솔직히 말하자면, 이 까닭은 나
의 것임을 먼저 고백해두어야겠다. 바사슈트 광장에는 오래된
온천탕이 하나 있다. 처음 보았을 때 온천탕이라기보다는 힌두
교 사원처럼 보였었다. 온천탕은 그 누구의 소유도 아니면서 마
을 사람 모두의 소유물이었다. 무료로 공유하는 삶의 일부다.
마을 사람들은 온천에서 하루 동안 수고한 몸을 씻고, 탕을 지
나 흘러나오는 온천수에 빨래를 했다. 새벽녘에 아이들과 함께
남탕과 여탕으로 나누어진 온천에 갔다. 온천수는 피부가 빨갛

게 달아오를 정도로 뜨거웠다. 열탕의 열기 속에서 하늘을 본다. 온천탕은 지붕이 없었고, 새벽하늘이 그를 대신하여 푸르게 별을 품고 떠 있었다.

아이들이 마날리가 천국이라고 말하는 또 다른 이유가 있었는지는 잘 모르겠다. 하지만 분명한 것은 그 까닭이 굳이 마날리에만 존재하는 것들은 아니라는 점이다. 숨 쉬는 산소든, 한국 음식이든, 온천탕이든 우리 일상 속에서 쉽게 만나는 것들이다. 결국 아이들에게, 또는 우리에게 천국이라는 것은 지금 이 순간 내 안의 결핍이거나 그리움인 것은 아닐까. 어쩌면 그것이 우리가 여행자가 되어 길 위에 서고자 하는 이유이기도 할 것이다.

3일 만에 마날리를 떠나는 날, 온천 앞에서 오랜만에 단체 사진을 찍었다. 카메라 렌즈 속에서 문득 아이들의 얼굴이 활짝 피어났음을 알게 된다. 1년에 한 번이라도 이렇게 활짝 마음까지 웃을 수 있다면 이것만으로도 우리 여행은 충분하지 않을까 생각해본다.

이제 얼마 남지 않은 여행이 실감 나기 시작한다. 지금껏 쌓아온 추억만큼이나 더 많은 일을 함께하고 행복한 기억으로 간직할 수 있도록 많은 일들이 펼쳐졌으면 좋겠다. 이렇게 정이 들어 또 어찌 헤어질까?

— 진실

다른 모둠이 티셔츠나 팔찌 이런 걸 맞추니 우리 모둠도 무언가를 하고 싶었다. 그래서 무엇을 할까 고민을 하다가 반지를 맞추기로 했다. 가게를 돌아다니다가 150루피에 반지가 있길래 심플하고 이뻐서 그것으로 했다.

— 솔지

날개를 달고 인도라는 세상 속으로

●

델리에 도착했을 때는 아침 6시 30분이었다. 마날리에서 델리까지, 버스는 밤을 새워 열세 시간을 꼬박 달려온 셈이다. 하룻밤을 꼬박 새워 버스를 타는 경험도 대한민국에서 온 어린 여행자들에겐 처음이다. 항상 처음이라는 이름에는 설렘이 살고 있다. 처음 부모님 없이 떠나온 여행, 히말라야를 처음 걸어본 트레킹, 처음 경험해본 고산병, 내 힘으로 처음 구해본 이국의 숙소···. 하지만 첫 야간 버스의 설렘은 이미 아이들 얼굴에서 사라지고 없다. 몸을 제대로 펼 수도 없는 좌석에 몸을 구겨넣고 하룻밤의 시간을 건너는 일은 그리 달콤한 일이 아니다.

버스가 피곤함에 점령당한 우리를 내려준 곳은 버스터미널이 아닌 어느 도로변이었고, 낯설었다. 지도에는 지명조차 나오지 않았고 도착하기로 되어 있던 터미널은 아무런 맥락도 없이, (주변 인도인들의 말에 따르자면) 사라졌다. 그리하여 버스 운전사는 한국에서 온 여행자들을 아무 곳에나 내려준 것일지도. 황당 그 자체다. 하지만 인도라는 세상이 시작된 이상, 따지고 싸우고 신경을 곤두세우는 일은 그리 현명한 일이 못 된다. 우리는 강물의 물살에 몸을 맡기듯 다시 세 대의 택시에 나누어 타고 뉴델리 기차역에 도착했다. 아침 7시. 입석표라도 끊어 곧장 아그라행 기차를 탈 계획이었지만 기차표를 구할 수가 없었다. 결국 여행자들을 위한 국제 여행 안내소가 문을 여는 8시까지 기다렸다가 9시가 넘어서야 오후 2시 기차표를 손에 넣을 수 있었다.

그동안 아이들은 기차역 대합실 바닥에 배낭을 쌓아놓고 앉거나 누워서 놀고 있다. 인도 기차역 대합실은 기차를 기다리는 여행객들만의 공간이 아니다. 순례자와 집 없는 부랑자와 거리의 아이들이 각자의 이유에 따라 삶의 시간을 흘려보내는 곳이기도 하다. 여느 때와 같이 바닥에 앉거나 누워 시간을 보내던 그들의 시공간에 낯선 침입자들이 나타났다. 어린 이방인들의 노는 꼴이 그들의 이목을 집중시키는 것은 어쩌면 당연한 일이다. 하지만 여행학교 아이들은 그다지 불편함이 없어 보인다. 주변의 시선보다는 지금 나에게 주어진 시간과 공간에 몰입하

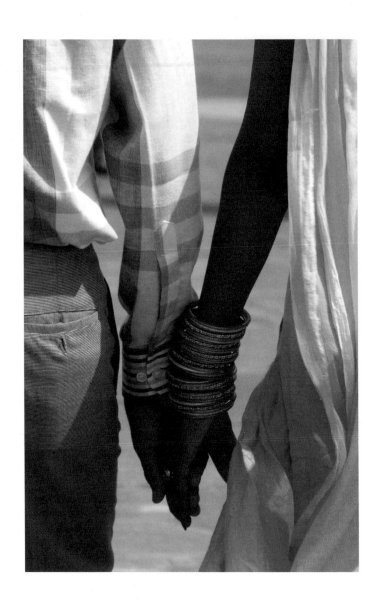

—
인도의 아름다움을 찍다.

고 있기 때문이다. 여행을 떠나온 지 20여 일, 신기하기도 하고
기특하기도 하다. 그 시간들이 아이들에게 남겨놓은 흔적들인
셈이다.

삼촌과 이모를 기차역에 앉아 기다렸다. 짐을 지키며 놀고,
음악을 틀고, 노래를 부르고, 젬베(?)도 치고, 제로게임도 하
고. 인도 사람들의 시선을 끌며 놀았다. 지나가는 사람들마
다 우리를 다 보고 가는데, 그들 눈에 우리가 어떻게 보일
지 궁금했다. 내가 생각했던, 그리고 TV를 통해 봤던 델리
와 똑같았다, 너무. 보는 건 똑같았지만, 그 속에서 경험하
며 다니는 건 생각보다 훨씬 괴로웠다.

— 아라

그리하여 빠하르간지를 돌아보기로 했다. 빠하르간지는 기
차역에서 길을 건너면 바로 나오는 거리 이름이다. 골목골목마
다 여행자들을 위한 숙소와 식당과 여행사와 기념품점들이 가
득 차 있어 배낭여행자들이 모여드는 곳이다. 하지만 델리가 처
음인 이들에게는 그 길 하나 건너기가 쉽지 않다. 제법 폭이 넓
은 도로에는 대형버스와 택시와 고급 승용차와 모터바이크와
자전거와 릭샤와, 때론 소와 달구지와 개들이 온통 뒤섞여서 지

나다니기 때문이다. 사람들은 그 혼돈의 흐름을 눈앞에 두고 차마 발을 도로 속으로 담그지 못하고 망설이게 된다.

"꺄~! 삼촌 같이 가요! 엄마야~! 이걸 어떻게 건너요?"

내 옷자락을 붙잡는 아이들. 이 길을 건너는 순간부터 어린 여행자들은 혼돈의 세상 속으로 들어서게 될 것이다. 그리고 델리에서 지내는 며칠 사이에 그들은 지금껏 그래 왔듯이 자연스레 이 혼돈의 강물을 건너는 방법을 터득할 것이다.

델리에 돌아와서 묵을 숙소를 찾아다니는데 정말 온 정신을 집중시켜야 했다. 삼촌 말씀대로 모든 교통수단이 존재하는 것 같았다. 동물들을 무서워하기 때문에 특히 더 신경을 써야 했다.

— 수경

인도는 길이 막히면 빵빵거리는 소리가 죽음이다. 그것이 짜증 난달까? 밥 먹고 있는데 빵, 자고 있는데 빵, 잘 걷고 있는데 빵, 스트레스가 아주 짱이다. 하지만 내일 타지마할에 가니까 기대가 아주 된다.

— 남수

길은 사라지지 않아

아이들은 한국 식당에 가방을 맡겨두고 계획에 없었던 한 나절의 시간 동안 빠하르간지의 이국적인 풍물 속으로 빨려 들어갔다. 아마도 여행 초기였다면 이런 곳에서 어린 여행자들끼리 보내는 일이 다소 망설여졌을지도 모르겠다. 하지만 아이들은 히말라야를 걷고, 라다크의 시골 마을에서 밤을 보내고, 세상에서 두 번째로 높은 도로를 건너오는 동안, 낯선 세상을 상대하고 낯선 사람들과 가까워지고 낯선 길 위에서 저마다의 방식으로 살아가는 법을 익혀왔다. 무엇보다도 길 위에서의 자유와 함께 그에 따르는 책임의 무게를 이제 그들도 몸으로 알고 있다. 내가 어린 여행자들의 날개에 어떤 끈도 매달지 않는 것은 그 때문일 것이다.

아이들로부터 자유를 얻은 아내와 나는 또 다른 한국 식당인 인도 쉼터로 향했다. 첫 인도 여행에서 닷새를 묵었던 한국인 게스트하우스. 배낭여행 1세대였을 그곳 주인장의 김치 담그는 솜씨가 인상적이었다. '인도에서 살아남는 법' 정도로 이름 붙여도 될 그의 강의 혹은 이야기도 기억에 남는다. 물론 주인장은 바뀌었고 지금은 식당만 운영되고 있다. 라면을 시켜 먹는 동안 비가 내렸다. 세차게 쏟아지는 비는 식탁까지 튀어 올랐다. 나는 늘 새로운 나라, 새로운 여행지를 찾아다녔었다. 몇 번이고 동일한 곳을 여행하는 사람을 만날 때면 그때는 그들을

여행길에서 만나는 일상의 삶은 낯설고, 경이롭다.

—
델리 빠하르간지, 축제가 시작하기 전 내린 비로 수로가 되다.

이해하지 못했었다. 세상은 넓고 가보지 못한 곳은 넘치는데, 같은 곳을 여행한다니. 하지만 어느 순간부터 나도 여행했던 곳을 또 여행하고 있더라. 글을 쓰고 있는 지금 떠오르는 여행지도 언젠가 내가 여행했던 공간들, 그래서 그리운 곳이다. 걸었던 거리, 마셨던 맥주, 그곳 숙소와 카페, 그리고 사람들. 여행은 낯선 곳을 향해 떠나는 것이지만, 때론 그곳을 여행하며 자유롭고 행복했던 나를, 일상에서 잃어버린 그래서 낯설어진 나를 만나러 가는 것이기도 하니까.

짧은 비가 그치고 익숙하고도 낯선 시장 거리를 잠시 걷다, 아이들을 만나러 돌아갔다. 열차 시간에 맞추어 하나둘 모여들었다.

"삼촌, 여기 완전 좋아요! 재밌는 거 진짜 많아요!"

"소가 혼자서 막 걸어 다녀요. 신기해요!"

"아프리카 북 있잖아요, 대박 귀여워요. 돌아갈 때 꼭 살 거예요!"

"아그라 갔다 오면 '헤나 타투' 할 거예요!"

"우리 모둠은 돌아올 때 숙소 미리 구해뒀어요!"

나는 길 위에서 아이들이 와글거리는 소리가 좋다. 얼굴이 상기되어 자기가 즐거웠던 시간들에 대해 늘어놓는 것이 좋다. 그러다 자신이 정말 좋아하는 것들을 이 세상에서 발견할 수 있

길은 사라지지 않아

다면 더욱 좋을 것이다. 기차는 아이들의 폭풍 같은 수다를 뚫고 세 시간 만에 아그라에 도착했다. 어린 여행자들은 그날 그렇게 인도라는 혼돈의 세상 속으로 발을 성큼 들여놓고 있었다.

숨쉬기 어렵게 만드는 냄새와 빵빵 차들이 울려대는 도시의 소음이 너무 견디기 힘들었다. 하늘은 또 어쩌나 까맣던지. 레와 페이에서 봤던 별빛 가득 맑은 하늘을 보긴 틀렸다는 생각이 들었다. 가만히 있어도 땀이 쏟아지는 이곳에서 사람들은 어떻게 살아갈까? 인도에 와서 제주가 정말 좋은 섬이란 것을 제대로 느낀다. (…) 여행을 하면서 쓸모없고 낭비되는 시간은 없다고 생각한다. 뚝뚝이를 타고 이동하는 시간, 기차를 기다리는 시간, 사진 찍으려고 포즈 잡는 시간, 일기를 쓰며 하루를 정리하는 시간, 아이들과 밥을 먹으며 이야기하는 시간, 이 모든 시간들이 여행에 점점 살을 찌우고 있는 느낌이다. 이 시간이 모여 한 달의 긴 여행이 끝났을 때 얼마만큼 쪄 있을지. 더운 날씨에 여기저기 돌아다니고 트레킹하면서 내 몸의 살은 빠지고 이야기할 거리는 많이 생겼으니 일석이조의 효과를 보고 있다.

— 진실

—
타지마할, 지상의 언어로 표현할 수 없는 아름다움.

타지마할에서는 혼자가 되고 싶다

●

나에게 아그라는 두 번째였다. 차창에 조금씩 내리긋던 빗줄기가 아그라에 도착했을 때는 대나무 숲이 떠오를 만큼 장대비로 바뀌어 있었다. 아그라라는 도시는 타지마할의 존재만으로도 인도에서 가장 많은 여행자들을 불러 모으는 여행지 가운데 하나다. 그로 인해 타지마할을 둘러싸고 골목마다 많은 호텔과 레스토랑과 카페가 규칙 없이 들어서 있고, 여행자들은 곳곳에서 그들을 안내 혹은 유혹하는 릭샤왈라와 삐끼들을 어렵지 않게 마주치게 된다. 나의 첫 번째 여행은 그때까지도 인도라는 세계가 혼돈 그 자체였기에 그리 아름다운 기억은 아니었던 것 같다. 지저분한 거리와 복작거리고 번잡했던 회색 공기, 인도의 다른 도시에 비해 비싸게 느껴졌던 물가, 아무런 예고나 안내

방송도 없이 열 시간도 넘게 연착했던 기차, 결정적으로는 순진한 얼굴을 한 늙은 릭샤왈라에게 사기를 당했던 기억까지. 그런데도 모를 일이다. 나는 왜 이 도시가 이리도 반가울까. 대나무처럼 쭉쭉 내리꽂히는 빗줄기까지도. 기억은 여행이라는 그릇에 담기는 순간 어떤 망각과 채색과 숙성의 사이클을 거쳐 그 온도와 질감이 전혀 다른 모습으로 변화하게 되는 모양이다.

아이들은 빗속에서 만난 낯선 도시를 어려워하지 않았다. 모둠별로 숙소를 찾아 나서는 발걸음이 불편함에도, 가볍고 경쾌하다. 적지 않은 시간과 노동을 들여 숙소를 찾고 자신들의 여행을 기록해간다. 키가 나보다 한 뼘도 더 큰 정호가 배낭을 맨 채 다가온다.

"삼촌, 하루의 시간은 느린데 하루 이틀은 빨리 가요."

여행의 시간은 빨리도 흘러 어느새 막바지로 향하고 있는데, 하루의 시간 그 자체는 길게 느껴진다는 의미다. 그만큼 하루하루가 여러 가지 사건들과 의미들로 꽉 차 있다는 뜻이라고 생각하고 싶다. 여행이 그렇다. 일상 속에서는 무심히 반복됐던 밥 먹고 걷고 숙소를 찾아 들어가 잠을 청하는 그 모든 사소한 일들이 여행 안에서는 다른 의미로 압축되어 다가선다. 정호는 라오스로 떠났던 첫 번째 여행학교에도 함께했었다. 그때가 중학교 2학년 때였다. 지금 고등학생이 된 그는 키뿐만이 아니라 여행을 대하는 생각도 모둠 친구들을 배려하는 마음도 부쩍 자라 있다.

"그때는 아기였죠!"

"그래도 그때는 네가 다 큰 줄 알았을 텐데?"

"그랬겠죠. 하하."

누구에게나 그때 나의 세상이 전부인 법이다. 시간의 흐름과 함께 저마다의 삶이 더해지면서 또 그만큼의 세상이 넓어지고, 지난날 자신의 세상을 돌아보며 그 넓이와 깊이를 가늠해볼 수 있게 된다. 하지만 지금은 지금의 세상이 또 나에게는 전부이기에 때론 심각하게 절망하고 때론 날아오를 듯 희망하고 열광한다. 사람은 그렇게 성장하고 나의 세상도 그렇게 자라나는 것 같다. 오늘의 라다크 여행이, 아그라라는 세상이 이 아이들에겐 어떤 넓이와 깊이의 세상으로 남게 될까. 여행의 끝이 다가올수록 나의 마음은 이 문장을 맴돈다. 훗날 그들의 세상을 가늠할 순 없지만, 오늘 그들은 장대비 내리는 낯선 도시에 두려움 없이 발을 내딛고 있음을 보고 있다.

겨울에만 와서 그런가. 인도에 있을 때 비가 온 적이 한두 번밖에 없었다. 인도에서 비를 맞는 기분도 꽤 괜찮았다. 색다른 기분이랄까. 타지마할 근처에서 겨우 숙소를 잡고 나니 하루가 저물었다. 저녁에 숙소에서 탄두리 치킨을 반 마리 시켜 먹었다. 탄두리에 맥주 한 잔, 너무 맛있었다. 더워서 그런지 더 맛있었다.

— 솔지

아그라에서 둘째 날 아침이었다. 밤사이에 빗줄기는 말끔히 그쳐 있었다. 아그라의 많은 호텔은 루프톱 레스토랑이 있고, 그곳에서는 대체로 타지마할이 보인다. 첫 번째 아그라 여행 때에는 거기서 하루의 시간을 통째로 흘려보내곤 했었다. 루프톱 덕분에 비가 개인 하늘 아래 타지마할을 바라보며 아침 식사를 하는 호사를 누린다. 이제 타지마할 안으로 들어가볼 차례다. 오전 일찍 여행학교 아이들 모두가 함께 타지마할에 들어섰다. 첫걸음부터 아름답다. 이 무덤은 어쩌자고 이리 아름다운 걸까. 사랑했던 왕비의 부재, 그 상실감을 담아낸 건축물이 이렇게도 아름다울 일인가.

"죽기 전에 꼭 와보고 싶었던 곳이에요!"

들뜬 유진의 말처럼, 많은 관광객들이 첫 발걸음을 들인 그 자리에서 감격에 겨운 눈으로 바라보다, 그 상아빛 아름다움을 배경으로 사진을 남긴다. 아이들도 개인으로 또 모둠으로 사진을 찍느라 분주하다. 나는 샤자한 왕이 무덤을 완성한 뒤 수없이 걸어 들어갔을 그 길을 따라 상아빛 건축물을 향해 걷는다. 발걸음을 옮길 때마다 다가서는 모든 앵글이 다 하얗고 아름답다. 문득 이별의 시가 아름답듯이 왕비의 부재가, 그 상실감이 이 아름다움의 근원일 거라는 생각을 한다. 왕이 이보다 더 아름다운 건축물을 짓지 못하도록 건축에 참여했던 모든 예술가와 노동자들의 손목을 잘랐다고 하던가. 그 후 그들은 어떻게 되었을까. 그 팔로 밥은 어떻게 먹었으며, 사랑은 또 어떻게 했을까. 가장의 손목을 잃은 그들 가족의 삶은 어찌되었을까. 그러고 보면 이 무덤의 아름다움에는 비단 왕비의 부재나 왕의 상실만이 아니라, 그들의 잘려 나간 손목과 그로 인해 함께 잘려졌을 그들 삶의 아름다움도 담겨 있음이 틀림없다. 그래서다. 노동자들과 여인들이 몸에 두른 원색의 사리가 하늘거리며 하얀 상실의 건축물을 배경으로 겹쳐질 때 타지마할의 아름다움은 비로소 완성된다.

혼자서 하루 종일 타지마할에 앉아서 시간을 보내고 싶었다. 시간과 사람에 쫓기지 않고 혼자서 여유롭게 즐겨보고 싶다. 사실 이번 여행했던 모든 곳을 혼자 또 와보고 싶다.

— 술지

오늘 인도의 명물 타지마할을 보러 갔다. 와 정말 더웠다.
그런데 타지마할이 무덤이라니 믿겨지지가 않는다. 나도 죽
으면 이런 무덤이 생길까 생각도 해봤지만 절대 그러지 않
을 것이다. 부인을 아주 잘 만난다면 모르지만….

— 우현

타지마할을 두 시간쯤 돌아본 후 모두 함께 모여 단체 사진
을 찍고 헤어졌다. 더 머물고 싶은 아이들은 남고, 다른 곳으로
향할 아이들은 타지마할을 나왔다. 아내와 나는 낙타를 타고 아
그라성(城)으로 이동했다. 아그라성에 올라 예인이네 모둠 아
이들을 만난다. 그들과 만났다 헤어졌다 다시 만났다 하며 여러
방들과 정원과 테라스를 옮겨 다니다 문득 발견한다. 이곳에도
타지마할이 있다. 아무르 강변에 타지마할을 세운 것은 아그라
성에서 가장 잘 보이고자 함이었음을 깨닫는다. 성의 모든 문과
창틀 문양 사이로 타지마할이 보였고, 역시나 아름다웠다. 샤
자한은 왕비가 죽고 2만 명의 노동자들로 하여금 22년 동안 무
덤을 짓게 하고는 아침부터 밤까지 이 자리에 서서 지켜보았을
것이다. 그리고 자신의 마지막 삶의 순간을 이 성에 갇혀서 보
내야 했을 때마저도 그는 타지마할을 바라보며 그나마 위로를
받았을지도 모르겠다.

아그라성을 나와서는 좀 걷고 싶었다. '따쥐(아기) 타지마할'
까지 걸어보기로 했다. 생각보다 짧지 않은 길은 아그라 일상의
풍경 속으로 여행자를 이끈다. 거리의 이발사는 손님을 기다리
고, 소년은 채소를 가득 실은 손수레를 끌고 가다 두 손가락을
곧게 펴서 여행자에게 인사를 던진다. 다리 아래 강물에서 소를
타고 목욕을 하던 청년은 내 카메라를 향해 웃어 보인다. 자동
차 정비소에는 말과 소가 들락거리고 땅바닥은 기름때로 검붉
다. 한없이 더럽고 궁색해 보이지만 어쩐지 따뜻하기만 한 풍경
들이다. 손수레에 생과일을 쌓아두고 갈아주는 청년에게 망고
주스 두 잔을 부탁했다. 10루피. 그러니까 한 잔에 5루피. 우리
돈으로 100원 정도다. 갑자기 행복해진다. 착한 가격 때문만은
아니다. 얼마간의 걷기로 여행자들을 위한 '여행의 시공간'에
서 현지인들을 위한 '삶의 시공간'으로 이동했다는 느낌 때문이
다. 따쥐 타지마할에서 문중이와 여자아이들을 만났다. 남자아
이들은 숙소에 남았다고 했다. 내 욕심은 때때로 반복된다. 여
행에서 얻게 되는 것들이 꼭 무언가를 더 많이 보고 더 많이 해
서가 아니란 걸 잘 알면서도 아이들에게는 조급해진다. 길 위에
서서 내 시간의 흐름에 나를 맡기듯이, 아이들의 여행도 그들의
시간에 맡길 수 있어야 한다.
 다시 릭샤를 타고 신시가지로 나갔다. 인도 영화라도 한 편

―
아그라성, 사람들, 그리고 바람.

볼까 해서다. 사다르 바자르까지 100루피를 달라고 해서 80루피로 깎다가 아내에게 핀잔을 듣는다. 신시가지에는 영화관 대신 소니, 나이키, 아디다스 등 익숙한 이름의 간판들이 눈에 들어온다. 거리에서는 어린 릭샤왈라들이 내 팔소매를 붙잡으며 "20루피, 애니 플레이스!"를 외쳤다. 이 더위에 20루피로 어디든 가겠다니. 더위에 지친 나머지 도미노 피자점으로 들어가 피자 레귤러 한 판과 콜라 한 병을 주문했다. 190루피다. 옆 좌석에는 대여섯 명의 현지인 10대 청소년들이 앉아 있었다. 그들은 지갑에서 지폐 몇 장씩을 꺼내서 아무렇지 않게 서로 주거니 받거니 하고 있었는데, 가만히 보니 1천 루피 지폐였다. 가게 바로 앞의 거리에서는 어린 릭샤왈라가 20루피에 어디든 가겠다고 할 때, 가게 안 또 다른 10대들의 지갑 속에서는 1천 루피 지폐들이 날아다니고 있었다. 릭샤 가격을 깎지 말았어야 했다. 그래서 다짐을 한다. 돌아갈 때는 100루피를 달라면 100루피를 주고, 200루피를 달라면 200루피를 주어야지. 피자 가게를 나서자 번개처럼 어린 릭샤왈라 한 명이 나타났다. 타지마할까지 가자고 했다. 그는 누런 치아를 드러내며 50루피 지폐 한 장을 흔든다. 아, 이런….

아그라에서 마지막 날은 각자의 시간을 가졌다. 아이들은

카페에서 라씨*나 짜이를 마시거나, 숙소에서 빨래를 하고 잠을
자거나, 한 숙소에 모여 수다를 떨고 카드 게임을 한 모양이었다.

아침 일찍 옥상에서 타지마할을 바라보았다. 언제부터 햇빛
을 피하기만 했을까. 단지 피부가 검게 보이면 이상하기 때
문일까. 내면의 것보다는 외면의 것을 더욱 신경 쓰는 사회.
나부터 조금씩 바뀌어야지. (…) 오전, 혼자 카페에 앉아 있
으니 좋다. 안과 밖. 서로 다른 세상에 있다는 느낌이 들기
는 하지만 여유롭다는 스스로의 상태가 좋다.

— 예인

브라질이랑 한국이 축구하는 것을 보러 정민이네 숙소에
갔는데 문중이랑 아라 언니랑 얘기했다. 좋아하는 사람들
과 이야기하는 건 즐겁다.

— 유진

나 역시 카페에 앉아 아이들이 쓴 일기 글들을 읽는다. 여행
이 끝나가는 아쉬움이 여기저기 묻어 있다. 그러다 한 아이의

---

* 요거트로 만든 인도 음료.

—
아그라 타지마할 아름다움은 여인들의 사리와 함께 완성된다.

글에서 눈길이 멈춘다. 자기는 늘 부족하다는 내용이었다. 이제 무엇이든 용기를 내보고 싶다는 내용도 덧붙여 있다. 내가 보기엔 전혀 부족하지 않은 아이다. 자신만의 여행을 즐기고 있고, 글도 곧잘 쓰며, 친구들과도 잘 소통해왔다. 그런데도 그는 자기가 항상 부족하다고 느끼는 모양이다. 이런 생각을 해본다. 학교가, 사회가, 어른들이 이 아이가 스스로를 부족하다고 느끼도록 만드는 것은 아닐까. 그들에게 많은 것을 요구하는 것만큼 충분히 잘하고 있다고 말해주지 않는 것은 아닐까. 우리는 이틀 후 델리로 돌아가면 곧 인천행 항공편에 오르고 그것으로 여행은 끝이 날 것이다. 아이들이 부족함의 감정 대신 충분히 내가 하고 싶은 것들을 해보았다는 만족감을 가진 채 돌아갈 수 있으면 좋겠다.

아직까진 한국에 가는 것이 실감 나진 않는다. 좋은 친구들도 있고, 아직은 가기 싫은 친구도 있을 것이다. 글쎄, 난 아직 잘 모르겠다. 힘들 때는 가고 싶다가도 계속해서 여행을 하고 싶기도 하다. 그동안 애들과도 친해져서 많은 일들을 함께하고 재미있는 시간을 보내서 헤어지기 아쉬운 마음에 여전히 여행을 하고 싶어지는 것이 아닐까. 여행을 하는 도중에는 새로운 사람들을 알아가고 같이 지내는 것이 힘

들었는데, 중간 소감 나누기에서 이모의 소감을 듣고 새로
운 사람과 함께 보내는 것을 배우는 것 역시 여행의 또 다
른 방식임을 깨닫게 되었다. 이때까지만 하더라도 내가 힘
든 것만을 생각했었는데, 지금은 아쉬움을 느껴서 오히려
다행이다. 걱정과 두려움을 많이 갖고 시작한 여행이었는
데 여행이 끝나가는 지금은 모두가 무사하기도 하고 나 역
시도 낯선 여행을 무사히 마쳐서 좋다. 특히 이번 여행 동안
두 가지 습관 중 한 가지인 새로운 것에 대한 두려움은 전
보다는 해소가 되었다는 생각이다.

— 수경

여행이 끝나도
끝이 나지 않는 것들

●

다시 델리로 돌아왔다. 델리는 인도 독립기념일을 앞두고 축제 열기로 한껏 들떠 있었다. 다만 한나절을 거쳐 지나갔을 뿐이지만, 다시 왔다는 이유만으로도 아이들에겐 그나마 빠하르간지의 거리가 익숙해진 모양이었다. 이제 한국으로 돌아가기까지 우리의 여행은 3박 4일의 시간을 남겨두었다. 그 3일의 낮과 밤이 아이들에게 통째로 주어졌다. 각자의 취향대로 움직이되, 다만 규칙은 모둠 친구들과 함께 다니는 것이었다. 사실 여행의 기술이란 별다른 것이 아니다. 자신들이 정한 가치의 기준을 세우고 그에 대한 확신을 가지면 되는 일이다. 삶의 기술도 마찬가지다. 행복이란 자신의 삶의 방식을 세우고, 타인과 비교하지 않는 데서 오는 것이 아닐까.

아이들은 이제 여행자로서 충분히 독립적이다. 여행학교의 리더인 아내와 내가 한 일은 적다. 라다크가 했고, 인도가 도왔으며, 이 길을 걸어온 그들이 스스로 습득해온 것들이다. 빠하르간지는 여전히 혼돈이었지만, 더 이상 도로 하나를 건너기 위해 긴장하던 아이들이 아니었다. 그들은 첫날부터 모둠별로 볼거리와 먹거리를 찾아 델리의 혼돈 속으로 들어갔다. 축제 인파에 휩쓸려 돌아다니다가, 릭샤와 택시와 지하철을 타고 다니며 쇼핑을 하고, 가족들의 선물을 사고, 인도 음식을 탐닉하며 여행의 끝자락에 서 있었다.

소리와 인파를 따라 큰길로 나섰다. 큰 악기 연주 소리와 화려한 불빛, 먹을 것을 나눠주는 사람들, 방송국 사람들, 나처럼 카메라를 들고 찍어대는 사람들. 한참 구경하다 저녁을 먹고 돌아오는 길에 쇼핑을 했다. 정호는 인도에 올 때부터 사고 싶어 했던 작은 크기의 기타를, 같이 따라온 남수는 젬베를 샀다. 아! 낮에는 수경이와 치마를 보러 갔다가 두 개나 사버렸다. 그 주인이 또 남자 친구가 있냐며, 없으면 자기랑 하자고. 내일 와서 'OK' 하면 스커트 네 개를 주겠다고 했다. 하여튼 인도 사람들은 짓궂다.

— 아라

오늘은 우리의 모둠장인 솔지 누나가 아파서 우리끼리 택
시를 잡아서 뉴델리를 구경하고 다녔다. 왠지 내가 어른이
된 것 같은 느낌이었다. 그리고 왠지 모르게 재미있었다. 택
시 기사님이 다 데려다줘서 안전하고 쉽게 여행할 수 있었
던 것 같다. 사진도 찍고 건물 안에 들어가서 구경도 하고
기도도 했다. 벌써 숙소에 돌아왔다. 숙소로 돌아오니 갑자
기 졸렸다.

— 우헌

길을 가르쳐주시는 분을 바라보는 나의 시선. 인도가 사기
꾼이 많다고 해서 나의 시선까지 항상 경계하며 그들을 바
라보는 것이 옳은 것인가? 문득 부끄러운 나 자신을 보았다.

— 에인

코넛 플레이스에서 비싼 레스토랑을 어렵게 찾아갔다. 솔직
히 어떤 음식도 내 입에 맞지 않아 별로 먹지 못했다. 나를
제외한 우리 모둠 친구들은 너무나도 맛있게 식사를 했고,
가격은 이제까지의 식사 중 당연 최고였다. 그렇게 먹고 맥
도날드를 또 간 우리 모둠! 이번 모둠은 정말 '식신원정대'라
할 만하다. 유진이와 에인 오빠는 먹는 것에 대해서는 콩짝

길은 사라지지 않아

이 너무나 잘 맞고 철민이는 먹는 것을 겁나 좋아한다. 나도 한국 가면 식신원정대 할 수 있는데, 트레킹 이후 인도 음식의 향이 역하게 느껴진다.

— 진실

한국인 여자 여행자 한 분을 만났다. 30대 초반? 직업은 수학 선생님. 지하철을 물어보는데 올드 델리에 가는 거면 같이 가자고 하셨다. 그분 덕분에 지하철역까지 쉽게 갔다. 처음 토큰을 끊어 인도 지하철을 타본 소감! 우와~!! 좋다! 시원하지, 빵빵 소음 없지, 사람들 조용하지, 질서 있지, 지하철은 한국과 거의 다를 바가 없었다. (…) 돌아오는 길에 또 쇼핑을 시작했다. 세 시간? 두 시간? 동안 쇼핑을 했다. 남수는 트레이닝 바지를, 정호는 초록색 체크 셔츠를, 수경이는 동생 옷과 리바이스 핫팬츠, 나중에는 모두 지쳐서 어기적거리며 숙소로 돌아왔다. 여기까지 와서 쇼핑을 한다는 게 어쩌면 웃긴 일인지도 모르겠지만, 그래도 재밌었다.

— 아라

하지만 아이들과 달리 아내와 나는 동시에 아팠다. 설사를 하고 온몸이 욱신거리고 기운이 없었다. 아이들의 안전에 대한 긴장이 풀어져서인지 여행학교가 끝나갈 때쯤엔 꼭 이런다. 첫째 날은 하루 종일 숙소와 한국 식당을 오가며 보내야 했다. 둘째 날에 기운을 차려 좀 다녀볼까 싶어 거리로 나섰다가, 민아를 만났다. 막내 우현이와 솔지 상태가 좋지 않다는 것이다. 결국 두 녀석을 데리고 병원을 찾아갔다. 작은 개인 병원이었다. 환자들이 제법 기다리고 있었지만, 외국인이라서인지 순서를 앞당겨 먼저 진료를 해주었는데 비용이 만만치 않게 나왔다. 의사는 청진기를 대어보고 몇 가지 물어보더니 식중독이라는 진단을 내렸다. 아그라의 물 사정이 좋지 못하더니 아마도 물갈이를 하는 모양이었다. 아니라면… 혹시 우리 아이들이 아그라 여행자들 사이에 떠도는 괴담의 피해자인지도. 아그라의 '탄두리 치킨*'은 치킨이 아니라 아무르 강변을 배회하는 비둘기라는 그 괴담.

이제 아이들도 여행이 끝나가고 있음을 실감하고, 또 그만큼 몸에는 자유로움이 묻어 있다. 그래서 아픈 아이들은 더 아쉽고, 나머지 아이들의 시간은 더 활기차다. 아이들은 그날도 덥고 습한 델리의 도심을 맘껏 돌아다닌다. 자마 마스지드를 두 번이나 찾아가 길바닥에 앉아 기다리면서까지 기어코 들어가

---

* 화덕으로 구워낸 인도 닭고기 요리.

길은 사라지지 않아

첨탑에 오르고, 식신원정대라 자칭하고 먹을 것에 올인하기도
하고, 코넛 플레이스에 매일 출근하듯 쇼핑에 몰입하며 각자의
방식대로 여행의 마지막 시간을 즐기고 있었다.

어제 못 들어간 자마 마스지드! 오늘은 예배 날이 아니니
들어갈 수 있겠지 하고 생각했다. 그런데 12시 30분부터 2
시까지 예배 시간이란다. 나도 아이들도 뭔가 오기가 생겨
서 한 시간 반을 그 앞에서 기다려보자고 했다. 힘들었다.
너무 더워서. 30분 정도 남았을까. 날씨가 꾸리꾸리해지더
니 비가 왔다. 툭. 툭. 주르륵. 쏴아아. 어디선가 이곳 동네 아
이들이 나타났다. 비를 맞으며 놀고 계단을 미끄럼틀 삼고.
그곳을 한 바퀴 돌며 아이들과 사진을 찍기도 하고 우리와
사진 찍고 싶어 하는 사람들과 사진을 찍기도 했다. 돌아다
니다 보니 첨탑에 올라가는 사람들이 보였다. 또 100루피
에 신발 20루피! 그래, 그냥 다 쓰자, 여기에서. 또 돈을 내
고 계단이 110개가 조금 넘는 첨탑을 차곡차곡 밟고 올라
갔다. 우와… 레드포드와 올드델리, 뉴델리까지 그냥 쫙 보
였다. 결국 제대로 간 곳은 자마 마스지드 한 곳이었지만
델리에 와서 가장 재밌게 놀았던 날이었다.

— 아라

오늘은 아주 감사한 날인 것 같다. 친구들이 선물을 살 수 있도록 조금씩 돈을 모아서 나에게 2천 루피를 주었다. (아그라 갈 때 기차에서 지갑을 통째로 잃어버렸기 때문이다.) 정말 미안하긴 했지만 한편 고맙기도 했다. 언젠가 나도 나처럼 어려운 상황에 처한 사람을 반드시 도와야겠다고 생각했다.

— 철민

오늘도 역시나 고급 레스토랑에 들어갔다. 어제보다 훨씬 더 고급스러워 보였고, 음식 가격 역시 만만치 않았다. 내 입에는 이 레스토랑이나 싼 레스토랑이나 맛이 똑같이 느껴졌지만 친구들은 너도나도 정말 맛있고 최고라며 비싼 값을 한다며 칭찬했다. 특히 생선 요리가 그렇게 맛있다며 순식간에 해치웠다. 평소 생선을 엄청 좋아하는데 특유의 인도 향신료 때문에 먹지를 못했다. 그래서 하루 종일 배가 고팠다. 집에 돌아가면 엄마가 해주시는 갈치 호박국을 꼭 먹어야겠다. 페이에 있을 때부터 생각났는데 입에 맞지 않는 생선 요리를 접해서 더욱 생각난다.

— 진실

마침내 여행학교 마지막 날이다. 귀국하는 비행 편은 밤늦

은 시각에 예정되어 있었고, 그 하루의 시간을 모두 함께 보내기로 했다. 우선 마지막 만찬을 가졌다. 삼겹살과 인도 요리를 두고 투표한 결과 인도 정식을 먹기로 했다. 고층 전망대에 자리한 원형 레스토랑은 바닥이 아주 천천히 360도 회전을 하기에, 식사하는 동안 테이블에 앉아 동서남북의 도심 전경을 내려다보게 해둔 곳이었다. 그곳에서 아무도 다치지 않고 사라지지 않고 지금 여기 함께하고 있음을 서로에게 축하했다. 그리고 고마워했다. 그런 후에 코넛 플레이스에서 인도 영화를 한 편 보았다. 인도 영화는 할리우드 영화만큼이나 다작으로 유명하다. 세 시간에 가까운 상영 시간과 스토리 맥락 없이 군무를 보여주는 장면이 꼭 한두 번씩 들어 있는 것이 그 특징이자 매력이다. 영화의 스토리는 앙숙이었던 두 집안 사이의 복수극이었던 것 같다. 영화는 맥락 없이 아주 잔인했다. 특별한 장소가 아닌 평범한 인도 마을을 배경으로 벌어지는 일들이라 더 그렇게 느껴졌는지도 모르겠다. 총과 칼이 난무하고 피가 튀었다. 그 잔인한 장면들 사이에서도 맥락 없이 군무를 추는 장면은 역시나 빠지지 않았다. 좀 놀랐던 것은 영화관의 관객들이 그 잔인한 장면에서 박수를 치고 환호를 한다는 점이었다. 그래서 영화의 잔인함이 좀 더 다른 차원으로 느껴졌던 것 같다. 영화 속의 살의가 영화를 함께 보는 관객들에게서도 느껴졌다고나 할까. 그

래서일까. 이렇게 아무도 다치지 않고 사라지지도 않고 여행을
마무리할 수 있게 되어 감사한 마음이 더욱 커졌다.

인도 방랑기 사장님께서 인도는 독립기념일이 다가올수록
위험도가 높아진다고 했다. 솔직히 불안했다. 잔인하게 총
을 겨누는 인도 영화를 보며 더 불안해졌다. 내가 서 있는
곳에서 폭탄이 터지지는 않을까. 누가 총을 뒤에서 쏘지는
않을까. 영화관에서는 누군가 총을 겨누어 우리가 도망가
는 상상도 했다. 상상이 현실이 안 되어서 다행이다.

— 진실

공항 가는 길. 아이들은 집에 돌아가고 싶은데 가기 싫다고
했다. 여행이 끝나가는 아쉬움과 귀향의 편안함이 함께하겠지.
여행을 떠나본 이라면 그 모순된 마음을 잘 알 것 같다. 여행자
의 그 두 마음 사이에는 무엇이 놓여 있는 것일까. 누구도 영원
히 여행할 수는 없을 테니, 다만 그 두 마음을 연결 지을 수 있
다면 좋겠다. 길 위에서 행복했던 기억이 일상의 삶에서 조그만
위안의 그늘이 되어줄 수 있다면 충분하리라. 그렇지만 또 나는
알고 있다. 그들의 여행은 지금 끝나고 있지만 결코 이것으로
끝나지 않을 것임을. 언제 어디로든 다시 이어질 것임을. 여행

의 끝은 늘 여행의 또 다른 시작이므로.

마지막 날이다. 기분이 묘했다. 좋기도 하고 좀 그러기도 했
다. 좋은 레스토랑도 가고 밤까지 완전 재미있게 놀았다. 밤
이 되어 공항에 왔는데, 기분이 이상했다. 이제 끝이라는 것
이. 여행이 끝나고 많은 것을 얻은 것 같다. 뭔지 모르지만.
이제 안녕.

— 정민

오늘 안이면 한국에 간다. 굉장히 설레고 굉장히 허전하
다. 여행이 끝나면 항상 이런 기분이 든다. 나는 여행을 사
랑하는 만큼 하루하루 평범한 일상 또한 사랑해서 일상으
로 돌아간다는 설렘과 이 여행이 끝난다는 아쉬움이 동시
에 든다.

— 유진

이제 한국에 가는데 좋기도 하지만 많이 아쉽다. 아픈 적이
좀 있어서 아쉬운 것 같다. 이제 조금 있으면 비행기를 탄
다. 벌써 이번 여행이 마지막이라니 형들과 누나들 그리고
나를 가장 많이 챙겨주는 이모와 삼촌 모두 다 보고 싶을

것 같다. 이제 우리나라로 가서 다시 학생으로 돌아가면 이
번 여행을 계속 생각하게 될 것 같다.

— 우현

인도 여행을 하면서 많은 것을 보고 많은 것을 알게 되고
많은 것을 먹다 보니 벌써 헤어질 시간이 되었다. 왠지 허전
한 기분이 든다. 여행을 떠나기 전에는 거의 한 달 동안씩이
나 인도에 있어야 해서 걱정도 되었는데 벌써 인도 여행이
끝나고 공항에 있으니, 한국에 가서 좋기도 하고 그렇지 않
기도 하다. 지난 한 달 동안 많은 경험을 하며 정말 좋았다.
앞으로 다시 만날 그날까지 모두 건강하게 지냈으면 좋겠다.

— 철민

'좋은 여행'이 무엇인지 정의 내릴 수는 없지만 최소한 내겐
이번 여행이 좋은 여행이었다. 동생들 장난과 순수함 덕분
에 나도 터 없이 웃게 되었고, 서로가 달라서 다름과 존중
을 배울 수 있었고, 델리 역 덕분에 한국의 소음을 감사하
게 되었고, 페이 덕분에 처음으로 별똥별을 볼 수 있었고,
트레킹 덕분에 인내심과 의지를 느낄 수 있었고, 인도 남자
들 덕분에 시집 못 가는 일은 없겠구나 싶었고, 인도 음식

덕분에 엄마의 밥상에 감사하게 되었고, 삼촌과 이모 덕분
에 진짜 여행하는 법도 알게 되었고, 같이한 친구들 덕분에
혼자라면 못 했을 경험도 할 수 있었다. (…) 실감이 나지 않
는다. 한국에 진짜 가는 게 맞는지. 잠을 자고 눈을 떠도 계
속 인도에 있을 것만 같다. 여행이 끝나지도 않았는데, 난
또 여행이 가고 싶다.

— 아라

—
여행의 끝은 또 다른 여행의 시작이겠지.

오래된 이야기에 대한 이야기

지금까지의 이야기는 오래된 이야기다. 다만 독자들은 그렇게 느끼지 않을 수도 있겠다. 『오래된 미래』의 도시인 라다크라는 시공간 자체가 '오래된 것'과 '미래'의 가치가 공존하는 곳이다 보니, 그 덕을 보는 셈이다. 사실 이 이야기의 대부분은 진작 썼던 것을 묵혀둔 것이기도 하다.

라다크 여행에서 돌아온 그 이듬해에 우리는 남수네 해남 집에서 뒤풀이라는 이름으로 모였다. 농사를 짓는 그의 가족은 우리에게 시골집을 하룻밤 통째로 내어주고 이웃으로 건너갔다. 우리는 라다크 여행을 떠올리며 밤새 웃고 이야기하고 또 어떤 친구는 울기도 했는데, 그 이유를 말하기는 좀 그렇다. 그때까지도 라다크는 우리에게 생생하게 이어지는 현재 이야기였다. 그러고는 아주 가끔 몇 명씩 연락을 하거나 만나기도 했지만, 라다크에서의 시간은 대체로 과거의 이야기로 희석되어 갔다. 2017년 겨울에 그동안 세 번의 여행학교에 각각 참가했던 친구들이 제주에서 만나 2박 3일 동안 이야기하고 놀고 여행했다. 만남 자체를 아이들이 제안하고 조직하고 운영했으며, 난 그야말로 숟가락만 들고 갔다. 지나간 여행학교의 기억들은 그들 각자 현재의 삶과 엮이면서 또 다른 이야기가 되어 살아 있음을 보았었다. 이 오래된 이야기가 책으로 묶여 또 다른 생명을 얻게 된 2021년 지금, 아이들은 더 이상 아이들이 아니다. 많은 아이들이 직장인이 되었고, 몇은 결혼했으며 아기를 낳았다.

이 책은 내게는 묵혀둔 숙제 같은 거였다. 9년 만에 오랜 마음의 짐을 내려놓던 날 아이들에게 이른바 '후기'를 부탁했다. 라다크에서 막내였던 우현에게 "고등학교는 졸업했지?"라고 물어보았더니, "삼촌 저 군대도 갔다 왔어요"라는 답이 돌아왔다. 그때 중학교 1학년이었으니 잠깐만 계산해보아도 가늠할 수 있는 일이었다. 아이들은 성장했고 세상도 시간의 흐름을 머금고 있는데, 나만 그 자리에 그대로인가라는 생각이 문득 들었다. 이 여행학교 이야기 언저리의 내 삶과 그 주변을 서성이며 살아왔다는 자각. 그날의 기억들은 가라앉고 많은 부분 희미해졌지만 또 어떤 장면과 감정들은 내 삶의 경계 위로 떠올라 라다크의 하늘처럼 투명하게 때론 날카롭게 살아 있음을 느낀다. 어른이 된 아이들 기억 속에도 라다크는 어떤 모습으로든 살아 있을 것이다. 라다크 여행이, 혹은 그날의 이야기들이 그들의 지금 삶에 또는 앞으로의 삶에 어떤 의미로 떠올라 있는지, 또는 떠오르게 될는지 궁금하다. 여전히 나의 바람은 간단하다. 그건 여행의 힘에 관한 것이다. 삶의 어떤 모퉁이에서 돌아봐지고 잠시 멈추게 하는 기억이기를. 그 기억 안의 내 모습이 그립거나 아름답기를. 그 기억들이 작은 위로의 조각들이 될 수 있기를.

　내가 쓴 몇 권의 여행기에는 항상 아내가 있었다. 때론 주연이었고 때론 나와 함께 조연이었다. 3년이라는 시간 동안 지구한 바퀴를 도는 낯선 길 위에서의 삶도 그이의 상상력 덕분이었다. 여행학교를 기획하고 운영하게 된 것 역시 아내의 마음에서부터 시작된 일이다. 나는 여행학교에서 아이들에게 우선 까칠하고 자주 단호한 사람이었기에, 아내의 밝고 따스한 품성이 아니었더라면 낯선 여행길에서 아이들은 의지할 곳 없이 힘들었을 것이다. 그랬던 아내가 먼 길을 떠났다. 이제 이 세상에는 없고 이야기 속에서만 존재한다. 그래서 이 이야기를 이리 오래 붙잡고 있었는지도 모르겠다. 지금 이 오래된 이야기를 놓아주려고 한다. 한 권의 책이 되어 자유롭게 이곳저곳 이 사람 저 사람 사이로 흘러 새로운 생명을 얻고 평화로운 모습과 의미로 존재하면 좋겠다.

아이들의
에필로그

시간이 흘러 그날의 이야기는 우리에게

좋아하는 여행도, 마스크 없이 가벼운 차림으로 하던 운동도, 사랑하는 사람들과의 모임도 모두 다 어려워진 이 시기에, 자유로움을 느꼈던 열일곱 살의 여름을 자주 떠올린다. 내 몫의 배낭을 메고, 한 걸음 한 걸음에 힘을 주어 걷다 보면 낯선 아름다움으로 가득한 경치 속에 도착해 있던 그 길이 무척 그립곤 하다.

인도 라다크 여행학교는 나에게 많은 의미이지만 한 단어로 표현하자면 용기다. 히말라야 트레킹 일정이 포함된 한 달여의 인도 여행을 앞두고 걱정이 참 많았다. 내가 끝까지 트레킹을 완주할 수 있을까? 현지 음식에 적응할 수 있을까? 가족이 아닌 새로운 친구들과의 긴 여정이라니 불편하진 않을까? 물음표가 많았던 시작이었지만 그 과정에서 많은 걸 느끼고 또 무사히 마칠 수 있었고, 10년 가까이 흐른 지금까지도 나는 그때의 기억을 써먹곤 한다. 이는 새로운 도전, 시작을 앞두고 머뭇대는 내 등을 떠미는 힘이 되어준다.

그야말로 좌충우돌의 여행이었지만 추억할 때마다 항상 웃음이 나는 것은 모두 함께했던 좋은 사람들 덕분이다. 인천공항에서 출발했던 우리가 다시 그 자리로 돌아올 때까지 전 과정을 준비하고 이끌며 책임자 역할을 해주신 삼촌과 이모를 비롯해서 조장 역할로 고생해준 대학생 언니 오빠들, 웃고 울며 항상 함께한 친구들까지…. 내 삶 전체로 볼 때 찰나와 같은 시간인 한 달을 밀도 높은 행복으로 채워주었다.

인도는 참 느리게 굴러가는 곳이었다. 한 번도 제시간에 출발한 적 없던 기차, 배고프기 전에 들어가 주문해서 한참을 기다리다 보면 매우 허기지곤 했던 식당들, 빗물에 흘러내린 산기슭의 바윗돌로 길이 막혀 반나절 이상 제자리에서 진전이 없던 버스. 그러나 누구 하나 얼굴 붉히거나 화내는 이 없는 이상한 나라. 가끔 어느 하나 내 맘대로 되지 않아 답답하고 눈물 날것 같을 때 놀랍도록 침착하고 느긋하던 그들의 모습을 떠올리며 작은 위로를 얻는다. 오랜 시간이 흐르면서 먼지 쌓이고 희붐해진 그때의 기억을 책으로 다시 읽어볼 수 있다는 생각에 새로

길은 사라지지 않아

운 여행을 떠나기 전처럼 설레고 기대된다. (정다혜)

안녕하세요. 저는 부산에 살고 있는 스물여섯 살 춤추는 강민아입니다. 열일곱 살의 저를 꺼내보고 싶을 때마다 이 책을 열어볼 것 같아요. 라다크를 다녀왔던 기억은 저에게 짙은 향기로 남아 있어요. 9년 전의 일이었는데도 잊을 만하면 또 어디선가 만나게 되는 기억들에 웃음 짓곤 합니다. 당시 제가 알고 있던 세계에서 밖으로 나와 자유롭게 경험하며 성장할 수 있었던 것 같아요. 본성 자체가 항상 도전적이고 과감한 성향이라고 믿어왔던 저는 예술 치료를 공부하며 제가 기질적으로는 그렇지 않은 사람인 것을 발견하게 되었어요. 안정적인 공동체 안에서 여행하며 내가 하고 싶은 것들로 가득한 하루를 보내곤 했어요. 그때의 경험이 저에게 자양분이 되어 새로운 일에 도전할 수 있는 힘이 된 것 같아요. 그 시절의 삼촌과 이모, 그리고 언니들과 오빠들까지 뒤에서 얼마나 신경 쓰고 막중한 책임감을 갖고 있었는지 새삼 깨닫게 되네요. 가끔 단호하게 말씀하시는 삼촌이 무서울 때가 있었는데 지금 생각해보니 정말 감사하게 느껴져요.

저는 여행을 다녀온 직후 나중에 결혼할 사람이 생긴다면 꼭 그 사람과 인도를 한번 가야겠다는 생각을 했어요. 그 힘

든 생활 속에서 이 사람의 새로운 모습을 보고 싶은 마음이랄
까요? 이젠 하늘길이 막혀 언제 한국 밖을 자유롭게 나갈 수 있
을지 모르겠지만, 요즘도 자유로운 여행에 목말라 있답니다. 시
간이 지날수록 느끼는 것은 어디를 가는가보다 누구와 어떤 시
간을 보내느냐가 더 중요한 것 같아요. 라다크를 갔다는 사실
보다는 그때의 소중한 사람들과 함께할 수 있는 추억이 있다는
게 더 중요한 것처럼 말이에요. 지금처럼 일상 속에서 그 시간
들을 추억하며 지낼 수 있어서 감사합니다. 10대의 저에게 배
울 수 있는 것들을 기억하며 더 성숙하고 에너지 넘치는 20대
로 살아가려 해요. 다시 한번 삼촌과 이모에게 이야기하고 싶어
요. 덕분에 지금도 행복한 삶을 살고 있고, 함께 보냈던 시간 속
따뜻한 웃음을 기억한다고. (강민아)

　　현재 내 나이 27세. 라다크 여행 다녀온 지 벌써 9년이라는
시간이 흘렀습니다. 바쁘게 살고 있는 시간 속에 그때 기억이
떠올라 글을 남겨봅니다. 라다크 여행은 저에게 얼마 안 되는
인생의 전환점 중에 하나였습니다. 집 떠나 전국 각지에서 모
인 사람들과 함께 여행하면서 이곳저곳 트레킹도 하고 취사도
해보고 스스로 움직여 일을 해결해나가는 일을 했습니다. 당시
이른 나이에 저에게 없었던 자립심을 기를 수 있어서 지금 보

면 정말 여행하기 잘했다고 생각됩니다. 그리고 여행 중에 매일 일기를 쓰며 나를 뒤돌아보는 경험을 할 수 있었습니다. 오늘은 어떤 일이 있었는지, 새로운 누구를 만나 어떤 감정을 느꼈는지, 같은 팀원들끼리 어떤 얘기를 하면서 즐거웠는지, 내가 오늘 잘했던 일과 개선시켜야 할 일 등 나를 성장시킬 수 있는 요소들을 하나하나씩 생각할 수 있었습니다. 당시 매우 소극적이었던 내가 적극적으로 변할 수 있었고, 떳떳하지 못했던 제가 누군가에게 의견을 표출하고 설득시킬 깜냥을 가지게 되었습니다. 어디를 가든 어떤 여행을 하든지 구경하고 맛있는 것을 먹는 것도 좋지만 내면적으로 성장할 수 있는 자기 자신을 느꼈으면 좋겠습니다. (김철민)

라다크 여행을 다녀온 지 약 9년…. 대학교를 졸업하고 사회인이 되었고, 삶이 바쁘다는 이유로 하늘을 보는 여유마저 사라졌다. 그러다 문득 푸른 하늘을 마주할 때면, 라다크의 한없이 높고 푸르렀던 하늘이 떠오르고는 한다. 여행 당시 작은 마을 페이의 이름 모를 강가에 앉아서 하늘을 바라보고는 했었다. 그런 하늘을 바라보고 있을 때면 마음이 벅차오르고 아무런 걱정도 고민도 떠오르지 않았다. 밤에 불도 들어오지 않는 작은 마을에서 홈스테이를 하면서, 같이 간 친구들과 밤에 하늘을 빼곡히 채운 수많은 반짝거리는 별들을 바라보며 이런저런 이야기도 나누고…. 그 당시에는 그 순간들이 얼마나 행복하고 소중했는지 크게 와 닿지 않았다. 시간이 많이 흐른 지금 그때를 회상하면 나는 참 소중한 경험을 했고, 그 순간의 시간이 행복했다는 것을 문득문득 깨닫고는 한다.

여행을 하는 동안에도 나는 라다크 풍경과 하늘을 꼭 한번 부모님께 보여드리고 싶다는 생각을 했고, 같이 왔으면 좋았겠다는 마음을 담은 엽서를 쓰기도 했었다. 그리고 2년 전, 2019년에 부모님과 함께 다시 라다크를 다녀왔다. 다시 방문한 라다크는 많이 변해 있었지만, 여전히 손만 뻗으면 닿을 듯한 하늘이 나를 반겨주고 있었다.

9년 전의 라다크 여행은 나에게 잊지 못할 추억과 경험이 되었고, 다시 오지 않을 순간들이라 그런지 가끔은 아련하기도 하다. 카메라를 들고 다니며, 수많은 사진을 찍고 사진에 대한 나름의 관심과 열정이 많았던 그 시절의 내가 그립기도 하다. (박솔지)

어떤 순간은 평생 잊을 수 없을 것만 같지만, 대부분의 기억은 허망하게 잊어버리고 만다. 잊고 싶지 않다고 해서, 그 기억들을 붙잡아놓을 수도 없다. 하지만 나는 기억을 '잊는다는 것'

길은 사라지지 않아

이 '사라짐'을 의미하는 것이 아니라 수면 아래로 가라앉는 것이라고 생각한다. 라다크 여행학교에서도 어떤 순간은 아직까지도 평생 기억할 수 있을 것만 같지만, 어떤 순간은 마치 서리 낀 차창 너머를 보는 것 같이 흐릿하다. 그럼에도 문득 수면 위로 떠오르는 라다크의 기억들을 마주할 때면 그곳의 풍경, 냄새, 사람 등등 많은 것들이 내 현재를 둘러싼다.

하지만 일상은 나를 전전긍긍하게 만든다. 나의 일상인데, 일상의 나가 된 것만 같은 느낌을 받는 것이다. 분명 나를 위한 일인데, 나를 위한 일이 아닌 것만 같은 느낌. 끊임없이 자신을 채찍질하면서 주위를 둘러볼 여유를 주지 않는다. 나는 현재를 살고 있지 않다. 과거를 회상하거나, 미래를 위해 달려간다. 라다크 여행학교를 생각하면서 나의 '지금, 여기'를 반성하게 된다. 나는 어떤 삶을 살고 있는가? 라다크에서 상상했던 나의 20대의 모습이 지금과 얼마나 다르고, 똑같은가? 아니, 지금 나는 행복한가?

나는 홈스테이를 했던 곳의 사람들의 얼굴이 잊히지 않는다. 여행 전 읽었던 『오래된 미래』의 사람들과 똑같이 활짝 웃는 사람들의 얼굴, 때 묻지 않은 순수함은 아직까지도 기억에 남는다. 지금 돌아보니, 남는 것은 사람들이다. 어떤 곳을 갔는지도 중요하지만, 어떤 사람들과 함께했는지가 중요하다는 생각이 든다. 이제는 모두 흩어져 살고, 연락도 잘 닿지는 않지만 라다크에서의 순간들을 공유한 사람들이 모두 얼굴에 행복함을 머금고 있기를 바란다. (김남수)

라다크 여행학교가 벌써 10년 가까이 흘렀다. 그 당시 교대생이었던 나는 지금은 교사로 또 아기를 키우는 엄마로 생활하고 있다. 그동안은 하루하루 삶을 살아가다 보니 라다크 여행을 잠시 잊어버린 듯 느껴졌었다. 하지만 책 출간을 앞두고 후기를 작성하는 지금은 마치 또 다른 여행을 준비하는 것처럼 가슴이 두근거린다. 여행학교 이야기 중 제일 기억에 남는 일은 페이 마을 홈스테이에서 있었던 일들과 여행 마지막 날 핸드폰을 잃어버린 것이다. 이게 시작이었는지 그 이후 다녀온 여행에서 핸드폰을 강물에 빠뜨리거나 귀국하는 비행기 티켓을 잘못 예약하거나 큰 이벤트들이 많았다. 홈스테이에서조차도 좋은 기억보다는 불편하고 아팠던 기억이 더 강렬하다. 이렇게 써놓고 보니 부정적인 것 같지만 오히려 나는 그 덕분에 덤덤한 태도를 배웠다. 지난 10년간 다른 속상했던 일들에 대해 크게 동요하지 않고 나의 중심을 잡을 수 있었다. 그래서 지금은 제일 행복하고 편안한 시기를 보내고 있다. 물론 앞으로 살아가야 할 날이 더 많고 그중 안 좋은 날들도 분명 있겠지만 지금껏 잘해왔

길은 사라지지 않아

듯이 나는 또 잘할 것 같다. 마지막으로 이런 마음가짐을 나의 사랑스러운 아기와 제자들에게까지 전해주고 싶다. (전수경)

여행을 많이 다녀서 그런지 라다크는 유독 기억이 잘 나지 않는다. 너무 오래전 일이기도 하고 다녀온 이후 여행 이야기를 나눌 기회도 없었고, 나눌 사람도 없었다. 라다크 후기를 써달라고 했을 때도 오래전 기억을 되살리기 위해 9년 전의 사진을 뒤져야만 했다. 여행 이야기는 가끔씩 다녀왔던 이야기를 하면서 내가 그랬다고? 아, 맞아. 그랬지! 하며 삶에 있어 추억을 되돌아볼 수 있다. 달콤한 디저트처럼 자주 먹으면 좋지 않지만 가끔씩 생각해보면 즐거웠지, 하고 되새기는 즐거운 요소다. 다른 여행은 종종 생각이 나지만, 안타깝게도 라다크는 선명한 기억은 별로 없으며, 그나마 나에게 크게 기억나는 것은 두 가지다.

원체 건강하다고 생각하며 살았기 때문에 고산병은 나에게 다른 얘기라고 생각했다. 하지만 라다크 여행 때 고산병을 겪은 나는 한국에 돌아와서도 가슴 통증으로 1년 넘게 병원을 다니며 고생했다. 여행 기간 중에도 썩 괜찮은 몸 상태가 아니어서 항상 반쯤은 아팠던 상태로 지냈던 것 같다. 이 글을 보는 사람들은 내가 그렇게 아픈 줄 몰랐겠지만 그만큼 이런 이야기를 할 만한 기회가 없었다고 생각한다. 두 번째는 타지마할. 언젠가 꼭 한번 가보고 싶었던 곳이었는데 기회가 되어 무척 좋았다. 그 하얗고 아름다운 건축물을 본 기억은 그 순간의 공기와 냄새와 소리가 그나마 또렷이 기억난다.

그 외의 기억은 흐릿하다. 몸 상태가 좋지 않았고, 다녀온 후에도 내내 고생을 했으니 라다크보다는 지금도 남아 있는 가슴 통증이 내가 고산병을 겪었다 정도로 기억이 남아 있다. 9년 전 내가 썼던 일기도 마치 남 일처럼 그랬군, 하고 받아들이게 되니 조금은 아쉽다. 오히려 먼저 다녀온 라오스는 그래도 사람들끼리 연락을 하는데 라다크는 그런 기회가 적어서 그런 것 같다. 이번 기회에 연락이 닿은 사람들이 다들 9년의 세월 끝에 다르게 큰 것을 보면 시간의 흐름을 깨닫는다. 고등학생 때 라다크를 갔는데 이제는 대학원에 다니고 있다. 가슴 통증도 가끔씩 제외하고는 어느 정도 나아졌다. 나와 함께 여행을 갔던 사람들, 다들 잘 지내고 있는지 궁금하다. 잘 지내길 바라며, 기회가 되면 얼굴 만나며 내가 그랬다고? 맞아, 그랬지! 하고 이야기를 나누고 싶다. (서유진)

인도 여행은 멀리서 보면 참 좋은데, 가까이서 보기에는 주저하는 마음이 있었다. 더 오랜 시간이 지났을 때 다시 살펴보고 싶었던 마음도 있었고 한편으로는 조금 두려웠기 때문이다.

그래서 인도 여행 이후 여행 중 썼던 기록을 한 번도 펼쳐본 적이 없다. 물론 삼촌이 중간중간 블로그에 썼던 내용도 읽다가 그만두기를 반복했다. 그런데 삼촌이 인도 여행에 대한 소감문을 작성해달라고 부탁했다. 삼촌과의 의리와 정을 생각했을 때 거절할 수 없는 부탁이었다.

두려움을 뒤로하고 마주한 인도는 한 편의 영화 같았다. 특히 라다크 사람들의 부드러운 표정과 아름다운 미소, 트레킹을 하면서 본 밤하늘을 수놓은 별들, 동생들과 함께 이곳저곳 다니며 마음을 나누었던 시간들이 생생하게 떠올랐다. 그러나 개인적으로는 답답하고 힘들었던 것 같다. 당시 헤어진 여자친구에 대한 미련과 반복되는 학교생활에서 의미를 찾지 못한 것이 문제였다. 주저했던 마음의 원인은 그때의 감정과 다시 마주하고 싶지 않았기 때문인 것 같다.

두려움과 마주하고 나니 인도가 다시 보였다. 우리는 인도라는 공간에 같이 있었지만 모두 각자의 여행을 하고 있는 모습이 떠올랐기 때문이다. 그리고 그때 함께한 다른 동생들은 어떤 생각으로 여행을 하고 있었는지 궁금한 생각이 들었다. 10년 가까이 지나 그러한 기록들이 모여 우리의 여행기가 나온다니 반갑고 기쁘다. 모두 삼촌 덕분이다. 책이 나오면 술 한잔 사드리러 가야겠다. ^^ (강예인)

일단 우리의 이야기가 책으로 출간된다는 게 믿기지 않고 설레네요. 너무 오랜만이라 무슨 이야기를 할 수 있을까 고민하다가 씁니다. 삼촌께서 그동안 마음의 숙제처럼 생각하고 계셨다고 하는데 다행이네요. ㅎㅎ 저는 종종 사람들에게 왜 이렇게 기억력이 안 좋으냐는 말을 많이 듣는데, 라다크 여행에서 느꼈던 감정들은 아직 제게서 사라지지 않은 것 같아요. 여행을 다녀온 후 가끔씩 생각이 나는 그때 일들이 제 나쁜 기억력을 무심하게 만들어요. 그때는 몰랐지만 그 나이 때 경험하기 힘든 추억들을 경험했다는 걸 알게 됩니다. 다른 사람들이 여행 어디 다녀봤냐고 하면 당당하게 나의 경험을 얘기할 수 있는 여행이었던 거 같아요. 여행이라고 하면 편한 여행만 생각했는데, 우리가 무엇이든 정하고 우리가 가고 싶은 곳을 가고 우리가 해보고 싶은 곳을 하는 여행, 진짜 경험하기 힘든 알찬 여행, 가끔은 힘들어서 짜증도 내고 하기 싫었지만 그것도 다 나에게 돌아온다는 걸 느끼게 해준 여행이었어요. 지금 생각하면 '내가 어떻게 그런 경험들을 했었지'라는 의문이 들 때도 있어요. 그저 운동 좋아하고 노는 걸 좋아하는 내가 숙소를 찾아가고 시장에 가서 조금이라도 더 싸게 사려고 애쓰는 나를 발견할 수 있었던 여행이었어요.

지금은 하지 못하는 딱 그때 나이에 할 수 있는 여행을 한 것 같아서 보내주신 부모님과 함께 간 친구, 형, 누나, 동생들까지 모두에게 감사한 여행이었던 것 같아요. 저희를 이끌어주신 이모, 삼촌에게도 너무 감사하다는 인사를 드리고 싶어요. 라다크 여행은 나 같은 금붕어도 평생 기억 속에 남는 여행이었습니다. 한 가지 아쉬운 점은 현지 음식을 즐기지 못했다는 것. 나는 못 먹는다는 생각에 입도 안 댔던 그 현지 음식들이 왜 지금은 그렇게 먹어보고 싶은지 그게 제일 아쉬워요. 뭐든지 먼저 두려워하지 말고 경험하고 느끼는 게 중요하다는 것을 알게 해주고, 여행은 정말 좋은 것이라는 걸 알게 해주고 느끼게 해준 라다크 여행! 감사합니다!! (김정민)

4박 5일의 히말라야 트레킹을 하며 '매일 밤 여기를 벗어나게 해주세요'라고 위로했던 밤들조차도 반가울 수 있구나. 페이 마을 쌍모의 집 2층 방 안, 두 쪽 벽면에 큰 창이 나 있고 방 안의 주인들이 별인 듯 창에 박힌 무수한 별들의 개수를 세다가 잠드는 장면이 몇 년이 지난 지금도 선명하게 그려질 수 있구나. 고산증으로 입맛을 잃어갈 때 발견한 한국 식당에서 무엇을 먹었는지 맛이 어땠는지는 기억나지 않지만 그리웠던 냄새를 맡으며 음식이 나오길 바랐던 간절했던 마음은 나의 감정으로 남아 있구나. 이제는 선생님의 자리에 있으면서 인솔자로서의 책임감이 무엇인지 알기에 그 당시 여행학교를 맡은 삼촌과 이모는 학생이었던 우리를 데리고 어떤 선택을 하고 의견을 듣고 결정을 내리는 일을 하며 느낀 마음의 무게가 무거웠겠구나. 여행을 함께했던 모든 사람들의 시간도 다 나만큼 흘렀겠구나. 20대 초반이었던 그때에 30대가 되어 다시 머무르니 드는 생각들이다.

지금의 내가 해발 4,900미터의 꼰제-라를 다시 올라간다 해도 또 힘들다고 펑펑 울 거다. 화려한 레스토랑을 예약하기보다는 길을 가다 우연히 본 현지인이 북적거리는 식당에 들어갈 것이다. 나는 변한 것이 없다. 다만, 새로운 나를 또 알아차리는 중이다. 라다크 여행이 남긴 저 흔적들을 보며 내가 무엇을 중요하게 생각하는지 어떤 것들이 나에게는 아픔이고 기쁨인지를 꺼내보게 된다. 하루를 어떻게 살아야 현재의 순간들이 지나 흔적들로 남게 될지를 하나씩 알게 된다. 10년 후의 나는 또 어떤 사람이 되어 여행이 남긴 것들이 무엇이었는지를 기억하게 될까? 시간이 많이 흘러 손녀가 "할머니, 히말라야 어떻게 걸어갈 수 있었어요? 안 힘들었어요?"라고 묻는다면 "걸엉 여행도 잘 댕겼지. 그때는 할머니 거뜬했주(걸어서 여행도 잘 다녔지. 그때는 할머니 거뜬했어)"라고 여행을 기억하며 두 다리 튼튼하게 걸을 수 있음에 감사하며 살고 있을지도 모르겠다. ^^ 기억할 장

면을 남겨준 삼촌과 이모, 여행을 함께한 친구들이 떠오르는 하루다. 감사하고 고맙다. (강진실)

저에게 여행학교는 굉장히 큰 의미를 가지고 있습니다. 처음으로 가족들의 품에서 벗어나 스스로 여행하는 법을 알게 되었고 이렇게 여행하는 것이 좋아서 모든 여행학교에 참여했습니다. 저의 청소년 시기를 여행학교와 함께했다고 생각해도 될 정도로 행복한 시간이었습니다. 라다크 여행학교는 새로운 경험을 많이 했던 것으로 기억에 납니다. 홈스테이도 해보면서 관광이 아닌 현지 생활도 경험해보고 고산 도시에서도 생활을 해보고…. 그중에서도 가장 기억에 남는 것은 히말라야 트레킹을 했던 게 기억납니다. 항상 편한 여행, 쉬는 여행을 하다가 이러한 경험을 했는데 그때 당시에는 육체적으로는 힘들었던 것으로 기억이 나지만 그때 트레킹을 하면서 보았던 잊을 수 없는 풍경이나 완주했다는 성취감은 이 여행을 더욱더 오래도록 기억나게 하는 것 같습니다. 여행학교를 다닌 영향으로 저는 관광 분야 전공을 선택하게 되었고 현재는 코로나 상황 때문에 쉽지 않지만 그래도 여행에 대한 애정만큼은 누구보다 많이 가지고 있습니다. 이러한 기회가 앞으로는 없을 것 같고 이제 '여행학교'라는 이름으로 다니기 힘든 나이가 되었지만, 그래도 이때의

추억과 행복 때문에 다시 한번 가고 싶다는 생각이 듭니다. (박
정호)

아주 오랜만에 학용 삼촌에게 연락이 왔다. 라다크 여행 책
이 나온다는 소식이었다. 그 카톡을 보자 2012년 여름, 그때의
기억들이 촤르륵 떠올랐다. 여행 책이 나온다는 이야기를 들었
을 때 가장 먼저 든 감정은 반가움이었다. 그다음은 약간의 부
끄러움과 많은 아쉬움, 후회였다. 일상 속에서 문득 이 여행을
한번씩 떠올릴 때가 있다. 사람들과 특별한 여행 이야기를 한다
든지, 요즘처럼 비가 자주 와서 하늘이 선명할 때라든지, 그리
움에 대한 이야기를 할 때라든지. 그럴 때마다 아쉬움이 남는
장면들이 있다. '그때, 그 상황에서, 그 사람들에게 이렇게 할걸'
이라는 생각이 매번 든다. 여행 갔을 나이가 스물한 살이었으니
돌아볼 때마다 부족한 점이 많이도 보인다. 그 시절의 여행이
책으로 나온다니 부끄러울 수밖에 없는 건 어쩌면 당연하기도
하다. 그리고 특별한 경험을 같이한 사이지만, 지금까지 연락을
이어오지 못한 것에도 아쉬움이 크다.
    지금 나는 그때의 교육대학교 3학년 시절을 지나 서른 살
평범한 직장인으로 살고 있다. 그때의 여행은 여행을 다녀온 직
후보다 시간이 지날수록 더 큰 의미를 건넨다. 내가 어떤 사람

길은 사라지지 않아

이었고, 어떤 성향이었는지, 보완할 점은 무엇이었는지를 깨닫게 해준다. 사회생활을 하며 가면이 두꺼워졌지만, 사람은 크게 바뀌기 어렵듯이 여전히 그때의 나와 지금의 나는 그대로인 지점이 많다. 그래서 여행 중 후회가 남는 상황과 비슷한 상황이 올 때면 반복하지 않으려 노력한다. 보다 독립적이고 주체적으로 살고자 하고, 여전히 어렵지만 갈등이 생기거든 용기 한 움큼을 꾹 내어 직면하고자 노력하고, 나와 다른 존재에 대해 선을 긋지 않고 바라보려 한다. 또 나이와 상관없이 어린 사람에게도 배울 것이 풍부하다는 것을 잊지 않는다.

이 글을 쓰는 지금도 라다크의 높다랗고 푸르르한 하늘, 선선한 바람에 흔들리는 기다란 초록 나무들, 그리고 그곳에서의 냄새가 그려진다. 책을 읽는 분들에게 라다크의 아름다웠던 자연과 순박했던 라다크 사람들의 미소가 전해지기를 바란다. 함께 여행을 다녀온 사람들에게 고마움과 그리움을 담아 인사하며 마친다. 모두, 줄레. (고아라)

길은 사라지지 않아

초판 1쇄 발행   2021년 12월 15일

지은이 | 양학용

펴낸이 | 이삼영

책임편집 | 눈씨

디자인 | VUE

펴낸곳 | 별글

블로그 | http://blog.naver.com/starrybook

등록 | 제 2014-000001호

주소 | 경기도 고양시 덕양구 고양대로 1393, 4층 403호(성사동)

전화 | 070-7655-5949   팩스 | 070-7614-3657

ISBN   979-11-89998-60-8

이 책은 제주특별자치도와 제주문화예술재단의 2021년도 제주문화예술지원사업 후원을
받아 발간되었습니다.

별글은 독자 여러분의 책에 대한 아이디어와 원고 투고를 기다리고 있습니다.
책 출간을 원하시는 분은 이메일 starrybook@naver.com으로 간단한 개요와 취지,
연락처 등을 보내주세요.